Werner Harke

WAS, WENN DIE BIBEL WAHR IST ...?

Heilend, befreiend, lebensverändernd, erneuernd, Gewissheit schaffend. Was ist das Besondere an diesem Buch?

TPI
Hurlach

Für die Durchsicht einzelner Kapitel der Erstausgabe
möchte ich Roderich Nolte, Michael Dony, Wilrens Hornstra,
Elke Puskeppeleit, Torsten Radke, Olaf Ritter und Gitta
Leuschner ganz herzlich danken.

Bibelzitate nach der Revidierten Lutherübersetzung 1984,
Deutsche Bibelgesellschaft Stuttgart und der Einheitsübersetzung
1980, Katholische Bibelanstalt Stuttgart. Zitate aus der Einheitsübersetzung sind mit einem E. gekennzeichnet.
Titelbild aus Art Explosion, Nova Development Corporati-
on, USA 1996.

JUGEND MIT EINER MISSION ist ein internationales, in-
terkonfessionelles Missionswerk, in dem Christen aus evangelischen, katholischen und freikirchlichen Gemeinden zusammen-
arbeiten.

Die Aussagen in diesem Buch geben die persönliche Überzeugung des Autors wieder und entsprechen nicht notwendiger-
weise den vielfältigen Auffassungen innerhalb von *Jugend mit
einer Mission.*

(C) Copyright der 2. Auflage 2012 by TPI/Werner Harke
Alle Rechte vorbehalten

Verlag Jugend mit einer Mission,
Schlossgasse 1, D-86857 Hurlach

Satz und Gestaltung: TPI/Truth Press International

Druck: Westermann Druck Zwickau

ISBN 978-3-930183-23-4

Inhaltsverzeichnis

"Seid stets bereit, jedem Rede
und Antwort zu stehen, der nach der
Hoffnung fragt, die euch erfüllt."

(1. Petrus 3, 15; E.)

VORWORT ZUR 2. AUFLAGE

Liebe Leserinnen, lieber Leser,

vor Ihnen liegt die zweite, *vollständig neu überarbeitete und erweiterte Auflage* dieses Buches, in dem zahlreiche Gründe aufgeführt werden, die für die Zuverlässigkeit und Glaubwürdigkeit der Bibel sprechen. Zwei Argumente der ersten Auflage wurden dagegen fallengelassen, weil sie nicht nachweisbar belegt werden können. Das sind die Aussagen über den "Bibelcode" und den "langen Tag Josuas".

Zum *"Bibelcode"* ist Folgendes anzumerken: Es sollen durch Überspringen einzelner Buchstaben in gleichen Abständen im Bibeltext neue Wörter auftauchen, die "verschlüsselte Botschaften" enthalten. Dies wurde sensationell aufgebauscht durch den amerikanischen Journalisten **Michael Drosnin**, der daraus "codierte" Mordanschläge und Weltuntergangsszenen herauslesen wollte. Diese Spekulationen wurden schon in der ersten Auflage zurückgewiesen.

Daneben gab es aber auch eine Arbeit der israelischen Wissenschaftler **Rips, Rosenberg** und **Witztum**, die 1994 in der amerikanischen Zeitschrift *Statistical Science* veröffentlicht wurde. Dort stellten die Wissenschaftler zur Diskussion, dass in den fünf Büchern Mose codiert die Namen und Geburtsdaten von 66 Rabbis auftauchten. Diese Arbeit konnte lange Zeit nicht widerlegt werden. Erst die Mathematiker **Brendon McKay** und **Bar-Nathan** wiesen nach, dass derartige "Codewörter" letztlich in allen möglichen Texten auftauchen können und zufälliger Art sind *(Solving the Bible Code Puzzle, Statistical Science 1999)*. Dies ist heute die allgemeine Auffassung auch christlicher Wissenschaftler, so dass dieses Argument fallengelassen wurde

Die zweite Korrektur betrifft den *"langen Tag Josuas"*, an dem "die Sonne einen Tag stillstand mitten am Himmel" (Josua 10, 13). In der ersten Auflage wurde dazu auch auf das amerikanische Raumfahrtzentrums NASA verwiesen, wo ein "fehlender Tag" bei rückwärtigen Computer-Zeitmessungen entdeckt worden sei. Nach einer Untersuchung von **Bert Thompson** ist diese Entdeckung aber bei der NASA unbekannt *(Has NASA Discovered a Missing Day?, Reason and Revelation, May 1991)*. Auch dieses Argument wurde gestrichen. Das bedeutet nicht, dass ein solch langer Tag nicht gewesen sein könnte, aber er lässt sich offenbar nicht nachweisen.

Hinzugekommen ist ein Kapitel zur *Jungfrauengeburt*, die drauf und dran ist, zur entscheidenden Weichenstellung für den gesamten christlichen Glauben zu werden. Weiter gibt es vielfältige Ergänzungen im Kapitel "Bibel und Naturwissenschaft", besonders hinsichtlich *Sintflut* und *Arche Noah*. Komplett neu wurde ein Kapitel *Fehler, Irrtümer und Widersprüche in der Bibel* aufgenommen. In zahlreichen weiteren Kapiteln wurden Passagen ergänzt und verdeutlicht, um das Verständnis zu erleichtern. Hinzugefügt habe ich mein *persönliches Zeugnis*. Schwierige Sachverhalte werden soweit wie möglich vereinfacht dargestellt und Fachausdrücke erklärt. Ich habe mich um Sachlichkeit bemüht, obwohl einige Themen durchaus Raum für Emotionen aufkommen lassen.

Ich hoffe, dass Sie diese überarbeitete Auflage leicht und mit Gewinn lesen können.

Werner Harke

7

EINFÜHRUNG

Es gibt Fragen, die immer aktuell sind: Hat das Leben Sinn? Gibt es ein Leben nach dem Tod? Gibt es Gott? Woher kommt das Böse? *Ist das Leben mehr als Zufall?*

Auf diese Fragen gibt es unzählige Antworten. Sie kommen von allen möglichen Seiten und lassen alles offen. Denn "nichts Genaues weiß man nicht". Philosophen, Ideologen, Wissenschaftler verlieren sich in wolkigen Theorien. Wo gibt es eine Weltanschauung oder ein Denksystem, das für seine Ansichten auch einen Realitätsnachweis erbringt?

Weit und breit nirgends. Mit der **Bibel** rechnet man am allerwenigsten. Aber wenn es um konkrete, nachweisbare Daten und Prüfungskriterien geht, steht die Bibel einsam an der Spitze. Das ist überraschend genug. Überraschend ist aber auch, dass die Bibel in manchen ihrer Aussagen von kirchlichen Lehren abweicht. Gibt es denn Unterschiede zwischen Bibel und Kirche? Und was ist mit den Theologen? Da gibt es große Unterschiede und oft seltsame Ansichten. Die "moderne Theologie" jedenfalls erklärt die Bibel zum Märchen- und Mythenbuch.

Wenn noch nicht einmal Theologen an die Bibel glauben - wer dann? Von einem normalen Durchschnittschristen kann man das kaum noch verlangen. Ist die Bibel also nur noch alt, überholt und unzeitgemäß? So direkt will das allerdings auch niemand behaupten. Dafür ist die Bibel zu tiefgründig. Irgendetwas scheint an ihr doch anders zu sein.

Was, wenn die Bibel wahr ist ...?

Eine atemberaubender Gedanke. Im Licht der Bibel besehen, ist das meiste in unserem Leben nur oberflächliches Geplätscher. Viele Menschen hoffen: *Gibt es doch so etwas wie einen Sinn für unser Leben und eine Zukunft über den Tod hinaus?* Kann die Bibel überhaupt wahr sein? Ist das überhaupt denkmöglich? Ist sie nicht längst als Märchenbuch entlarvt, voller Fehler, Irrtümer und Widersprüche? Müssen wir uns über diese Frage überhaupt noch Gedanken machen?

Besser ja. Denn inzwischen befassen sich nicht nur Theologen mit der Bibel, sondern auch Naturwissenschaftler. Und während sich Theologen weitgehend in theoretischen Mutmaßungen ergehen, fördern Naturwissenschaftler konkrete Ergebnisse zutage. Und die sprechen dafür, dass die Bibel weitaus zuverlässiger ist als wir denken.

Spielt die Realität mit?

Die Bibel versteht sich als "Wort Gottes" - als die von Gott gegebene *Offenbarung* für alle Bereiche unseres Lebens. Ihre Leitlinien und Prinzipien sieht sie als verbindlich an.
Das ging vielen zu weit. In der Aufklärung und im Rationalismus wurden neue Positionen bezogen. Die *Vernunft* trat an die Stelle der Offenbarung. Der Glaube an Gott wurde abgelöst durch den Glauben an den Menschen. Der Humanismus trat seinen Siegeszug an. Der Mensch wurde zum Maß aller Dinge. Die Aussagen der Bibel wurden unverbindlich.

So weit, so gut - wenn die Realität dabei mitspielt. Falls sie es nicht tut, stehen wir dumm da. Denn dann gründen wir unser Leben auf eine Illusion. Was, wenn die Bibel tatsächlich wahr ist? Dann sehen wir Konsequenzen entgegen, mit denen keiner mehr rechnet, die aber Realität sind. Und die keineswegs immer positiv sein müssen.

Der Darwinismus ersetzte den Glauben an Gott durch den an Evolution. Die *"moderne" liberale Theologie* wollte nicht als unwissenschaftlich dastehen und erklärte Gott für "tot". Die Frucht dieser Entwicklung mussten Millionen Menschen dann am eigenen Leib erleben, nämlich in Form von menschenverachtenden Ideologien, die auf dem Boden des Darwinismus erwuchsen - Kommunismus und Nationalsozialismus.

Doch der Darwinismus steckt in einer Sackgasse. In den letzten Jahren sind zahlreiche Bücher erschienen, in denen Wissenschaftler dem Evolutionskonzept schwere Ungereimtheiten nachweisen. Das Hypothesengebäude der Evolution weist unübersehbare Risse auf.

Andererseits kommen mehr und mehr Naturwissenschaftler zu der Überzeugung, *dass die Bibel kein nur menschliches Buch sein kann.* Das glaubten Christen schon immer. Aber nun legen Physiker, Biologen, Astronomen, Informatiker, Mathematiker Ergebnisse vor, die das materielle Weltbild erschüttern. Die moderne Naturwissenschaft (die ja nicht nur aus Evolutionsbiologen besteht) rückt davon ab, Gott von vornherein aus ihren Überlegungen auszuschließen.

Schöpfungswissenschaftler prüfen, ob es Indizien für ein Handeln Gottes bei der Entstehung des Universums und des Lebens gibt. Auch Wissenschaftler, die nicht gläubig sind (und oft von einem atheistischen Weltbild ausgehen), legten schon Ergebnisse vor, die sich mit einer rein innerweltlich-materiellen Sicht nicht mehr vereinbaren lassen.

Wohlgemerkt: Diese erstaunliche Entwicklung ist nicht das Werk von Theologen, sondern von Naturwissenschaftlern. Die

10

Naturwissenschaft hat die "moderne Theologie" längst überholt. Dass die Bibel heute so armselig dasteht, ist ja vor allem ein Werk dieser Theologie. Sie hat die Bibel so zerstückelt, dass außer einigen "vernünftigen" historischen Aussagen nichts mehr von ihr übrigblieb.

Der Umdenkprozess ist zäh. Bisher hat er die Öffentlichkeit noch nicht erreicht. Schulbücher und die meisten Medien sind weitgehend auf das materialistische Weltbild eingeschworen. Aber es tauchen auch Berichte und Meldungen auf, die das materialistische Weltbild erschüttern.

Wenn tatsächlich Gott hinter der Bibel steht und er sie uns als Wegweiser für unser Leben gegeben hat, müsste er sie auch mit einer "Beglaubigung" versehen haben. Sonst könnten wir nie wissen, woran wir sind. Denn wie soll man sonst das Echte vom Unechten unterscheiden? Wenn es also im Sinne Gottes ist, dass wir die Bibel als wahr und von ihm stammend erkennen, muss er uns dafür *Erkennungszeichen* geben. Er müsste Hinweise und Beglaubigungen geben.

Solche Hinweise gibt es tatsächlich. An ihnen haben suchende Menschen zu allen Zeiten erkannt, dass die Bibel mehr als nur ein menschliches Buch sein muss. Aber es braucht eine Offenheit dazu. Wer die Bibel von vornherein als "Legenden- und Mythenbuch" liest, merkt davon nichts.

Ist die Bibel wahr? Reichen die angeführten göttlichen "Beglaubigungen" aus, um die Bibel als Buch Gottes anzusehen? Bilden Sie sich aus den folgenden Kapiteln selbst ein Urteil.

"Ich habe von Anfang an verkündigt, was kommen soll, und vorzeiten, was noch nicht geschehen ist. Ich sage: Was ich beschlossen habe, geschieht."

(Jesaja 46, 10)

11

HAT DIE BIBEL ÜBERHAUPT NOCH EINE BEDEUTUNG?

Die erste Frage, die auftaucht, wenn es um die Bibel geht: Ist die Bibel überhaupt noch wichtig? Auch wenn sie wahr sein sollte, bleibt sie ein Jahrtausende altes Buch, das älteste Buch der Welt - zum Teil 3500 Jahre vom heutigen Stand entfernt. Also alles andere als aktuell. Kann sie dann überhaupt noch eine Bedeutung haben? Es gibt doch genug moderne, aktuelle Bücher. Was soll da noch die Bibel?

Es stimmt - wenn die Bibel nur ein normales religiöses Buch ist, ist sie ohne besondere Bedeutung. Wenn sie nur das gleiche für Christen und Juden ist, wie der Koran für Moslems und die Bhagavadgita für Hindus, wären die vorliegenden Ausführungen überflüssig

Es gibt nur einen einzigen Grund, warum das vorliegende Buch geschrieben wurde: Weil die Bibel den Anspruch erhebt, "göttlich inspiriert" zu sein, und weil dieser Anspruch offensichtlich - anders als bei anderen religiösen Büchern - durch eine Fülle von konkreten Hinweisen **beglaubigt und bewiesen** wird.

Die Bibel beansprucht nicht mehr und nicht weniger, als dass sie das Buch ist, in dem Gott uns Menschen mitteilt, wie er die Welt und unser Leben sieht. Sie beansprucht das Buch zu sein, durch das sich der Schöpfer des Universums seinen Geschöpfen offenbart. Das Buch, durch das derjenige zu uns redet, der uns geschaffen hat. Das Buch, das uns den Sinn unseres Lebens und unsere Zukunft aufzeigt.

Ein hoher Anspruch. Wenn er zutrifft, ist die Bibel das Buch, an dem unser Leben gemessen wird. Wenn nicht, ist sie ein unglaubliches Beispiel von Lug und Trug, Täuschung und Irreführung.

Die zweite Frage, die gewöhnlich auftaucht: **Ist es überhaupt von Bedeutung, ob Gott existiert oder nicht?** Viele Menschen stehen auf dem Standpunkt, das sei völlig unerheblich. Sie sagen: "Auch wenn es Gott gibt, hat das nichts mit unserem Leben zu tun. Von Gott hört und sieht man nichts. Er kümmert sich nicht um uns. Wenn wir hier abtreten, merken wir früh genug, ob er da ist. Bis dahin müssen wir unser Leben allein meistern. Also ist es egal, ob er existiert oder nicht."

Andere sind nicht dieser Meinung. Dafür gibt es mindestens genauso gute Argumente. Denn wenn Gott existiert, sind wir von ihm abhängig. Unser Glaube oder Unglaube würde daran nichts ändern. Selbst wenn wir alle Atheisten wären, würde das nichts ändern.

Noch wichtiger: Wenn Gott existiert, gibt es eine **ewige Zukunft**. Die kann sehr gut oder sehr schlecht sein. Unser Leben wäre nur das Durchgangsstadium für die Ewigkeit. Alles, was wir hier tun oder lassen, hätte eine Bedeutung über unseren Tod hinaus. Unser Leben würde am Schluss nicht aufhören, sondern weitergehen. Wir würden jetzt und hier, in unserem irdischen Leben, die Weichen stellen für die Ewigkeit. Das ist keineswegs unerheblich.

Ohne Gott keine absoluten Werte

Wenn die Bibel nicht recht hat und Gott nicht existiert, wäre es im Grunde gleichgültig, wie wir leben. Man muss sich einmal vor Augen führen, was das bedeuten würde:

Jeder wäre sein eigener Herr, könnte seine Regeln selbst bestimmen und Begriffe wie Schuld und Verantwortung nach Belieben ausfüllen. Je nach Situation, Nutzen oder Mehrheit wäre mal das eine, mal das andere "rechtmäßig", einschließlich Mord, Totschlag, Verrat, Betrug usw. Alles wäre "relativ". Niemand müsste sich moralisch wirklich verpflichtet fühlen und wäre es auch nicht. *Es gäbe keine endgültige ausgleichende Gerechtigkeit.* Alles Unrecht, bei dem der Schuldige nicht gefunden wird, bliebe ungesühnt.

Nicht nur dies - das ganze Leben hätte keinen wirklichen Sinn und kein Ziel. Es käme nur noch darauf an, möglichst viel "mitzunehmen" und zu "genießen". Gemäß diesem Verständnis führen heute viele Menschen ihr Leben. Die große Mehrheit rechnet nicht mehr mit der Existenz Gottes. Auf dieser Linie bewegen sich auch viele Talk-Shows: Genieße dein Leben, denn morgen bist du tot. Kein Wunder, dass es pervers und egoistisch zugeht.

Andere verlassen sich auf *"Reinkarnation"*, d.h. "Wiederverkörperung". Was ich in diesem Leben verpasse oder vermassele, kann ich im nächsten nachholen. Sie verlassen sich auf esoterische Lehren, okkulte "Durchgaben aus dem Jenseits" und Botschaften durch Trancemedien oder Channelingbücher. Gemäß diesen gibt es viele Leben und einen ständigen Kreislauf der "Höherentwicklung". Aber die Bibel kennt keinerlei Reinkarnation (auch wenn man immer wieder versucht, das hineinzudeuten). Sie kennt nur ein einziges Leben und danach die Ewigkeit - entweder in guter oder schlechter Form.

Wenn die Bibel recht hat, existiert Gott. *Dann wäre unsere ganze "Selbstbestimmung" und "Höherentwicklung" eine Illusion, ein Trugschluss.* Wir wären in jeder Weise, für Gegenwart und Zukunft, auf Gott angewiesen. Seine Ansichten wären maßgebend, ganz gleich, ob wir uns daran halten oder nicht. Dann gäbe es auch eine absolute Wahrheit und Gerechtigkeit.

Dieser Gedanke ist für viele Menschen unangenehm. Sie würden ihre Zukunft lieber ohne Gott sehen. Für andere ist er ausgesprochen tröstlich, denn unser Leben hätte dann einen wirklichen Sinn und ein wunderbares Ziel.

Was ist mit anderen "Offenbarungen"?

Außer der Bibel erheben auch andere Bücher den Anspruch, göttlich inspiriert zu sein. In der Regel treten sie aber keinerlei Beweise dafür an - weder auf der natürlichen, noch auf der übernatürlichen Ebene. Behaupten kann man viel. Auch die meisten Religionsstifter, Propheten, Offenbarungsempfänger, Gurus halten ihre Lehre für "göttlichen Ursprungs". Damit ist ihre "Beweisführung" aber gewöhnlich erschöpft. Man kann ihnen dann entweder glauben oder nicht glauben. Man kann aber nichts prüfen.

Wie kann man prüfen, ob die "Offenbarungen", die jemand empfängt, tatsächlich von Gott kommen? Sie können ja auch der Phantasie des "Propheten" entspringen oder sogar von irgendwelchen falschen, okkulten "Geistern" eingegeben sein. Man kann es nur prüfen, wenn diese "Offenbarungen" auch konkrete Daten, Fakten, Hinweise enthalten. Gerade daran aber mangelt es den zahlreichen Offenbarungen durch die Reihe. Der "Beweis" ist im Allgemeinen das persönliche "Charisma" ihres "Propheten" oder bestimmte Krafterweise, die von diesem ausgehen. Dann erhebt sich jedoch die Frage, wer hinter diesen Krafterweisen steht? Sind sie von Gott oder von Satan?

"Wunder" an sich sind noch kein Beweis für einen göttlichen Ursprung. Wunder können aus ganz verschiedenen Quellen kommen. Wunder gibt es in vielen Religionen - man denke nur an das Feuerlaufen indischer Fakire, an die Schmerzunempfindlichkeit der Yogis, die sich Säbel durch die Wangen stechen, an die geistige Kraft buddhistischer Zen-Meister, an die Heilkraft bestimmter "Geistheiler" oder an die Schwebezustände (Levitationen) im okkult-esoterischen Bereich. Auch der Teufel kann Wunder tun - sogar Heilungswunder.

Wie will man unterscheiden, ob ein Wunder von Gott oder von Satan kommt? Nach den Aussagen der Bibel kann Satan sich auch als "Engel des Lichts" verstellen. Außerdem hat er Helfer, die die Bibel "Dämonen" nennt. Wer schon mit Okkultismus zu tun hatte, weiß, dass auch dämonisch inspirierte "Zeichen und Wunder" möglich sind. Krafterweise und Wunder sind nie ein Beweis für "Gott" und "göttliches" Handeln an sich. Sie müssen geprüft werden - aber nicht nur auf Kurzzeitwirkungen, sondern auch auf Langzeitwirkungen. Kurzfristige Heilungen aus der falschen Quelle können auf die Länge sehr nachteilige Folgen haben.

Aber nicht nur nur die "Wunder", sondern auch die Aussagen und Lehren der verschiedenen Offenbarungsempfänger müssen geprüft werden. Dazu braucht man ein Prüfinstrument, dessen Zuverlässigkeit und Echtheit nachgewiesen ist.

Kann die Bibel ein solches Prüfinstrument sein? Bietet sie die erforderlichen konkreten Daten und Fakten, an denen eine göttliche Inspiration erkennbar wird? Bietet sie nachprüfbare Beweise, die auch über die natürliche Ebene hinausgehen? Tritt sie den Beweis dafür an, dass sie göttliche Wahrheit vermittelt?

Nach allem, was wir von der Bibel an Daten und Aussagen vorliegen haben, muss diese Frage mit "Ja" beantwortet werden. In der Bibel finden sich schlüssige und zum Teil zwingende Hinweise auf ihre göttliche Herkunft.

Trifft dies zu, ist die Bibel zwar immer noch ein Jahrtausende altes Buch, aber nach wie vor hochaktuell. Sie wäre sogar das aktuellste Buch der Welt. Sie spräche direkt aus der göttlichen Dimension in unser Leben hinein. *Sie wäre das von Gott bestätigte Buch, in dem er uns offenbart, worum es in unserem Leben wirklich geht.*

Für ein solches Wissen würden viele Menschen ein Vermögen geben. Zu wissen, was gilt und was nicht gilt, was wahr und was falsch ist, worum es geht und was noch kommt, ist der Wunschtraum vieler Menschen. Nach diesem Wissen und dieser Gewissheit suchen die größten Denker seit Jahrtausenden. Wenn wir 100%ig wissen können, dass die Bibel von Gott ist, hätten wir die Antworten auf alle diese Fragen.

Wenn Gott existiert und uns liebt, muss diese Gewissheit erreichbar sein. In allen Jahrhunderten haben immer wieder Menschen diese Gewissheit gefunden. Die christlichen Werte, die unsere Gesellschaft geprägt haben, sind keine Werte, die nur auf frommen Wünschen oder Phantasie beruhen.

Hat die Bibel auch heute noch eine Bedeutung? Wenn sie wahr ist, selbstverständlich. Denn wenn sie gilt, gelten auch ihre Werte wie Ehrlichkeit, Unbestechlichkeit, Treue, Verantwortlichkeit, Gerechtigkeit, Hilfsbereitschaft usw. weiterhin.

Wenn die Aussagen der Bibel gültig sind, regiert nicht der Zufall, sondern ein guter und gerechter Gott, der uns liebt und dem wir nicht gleichgültig sind. Das soll in den folgenden Kapiteln nachgewiesen werden.

"Der Mensch lebt nicht vom Brot allein, sondern von einem jeden Wort, das aus dem Mund Gottes geht."
(Matthäus 4, 4)

DIE VERSCHIEDENEN DENKSYSTEME

Dass es einen Gott geben könnte, der Interesse an uns hat und uns sogar liebt, ist für viele Menschen nur noch Phantasie und Wunschdenken. Kein Wunder, denn seit ca. 200 Jahren wird uns die Bibel überwiegend als Legenden- und Mythenbuch präsentiert. Dafür hat mit intensivem Bemühen die *"liberale moderne Theologie"* gesorgt.

In den Köpfen der meisten Europäer existiert der biblische Gott nicht mehr. Für den Durchschnittsbürger ist heute unvorstellbar, dass die Bibel wahr und zuverlässig sein könnte. Es gibt massive Denkblockaden, die die Möglichkeit eines "real existierenden" Gottes mehr oder weniger ausschließen - außer der "modernen Theologie" z.B. auch "Evolution". Die Gottesdienste sind oft nur noch formal und oft regelrecht "tot". Also schaffen wir auf clevere Weise Abhilfe: *Wir stellen uns jeder unser eigenes Denksystem zusammen.*

Um diese Denksysteme geht es hier. Entweder um unsere persönlichen, die sich aus Teilstücken vieler verschiedener Weltanschauungen zusammensetzen (Postmodernismus), oder um die großen, offiziellen Denksysteme, d. h. die Religionen. Diese Systeme stehen den Aussagen der Bibel oft klar entgegen. Mit anderen Worten: Wenn die Bibel ein Tatsachenbericht ist, passen die anderen Denksysteme gewöhnlich nicht mit ihren Aussagen zusammen.

Es geht wie überall im Leben um die Frage der Realität. Was ist Tatsache? Die Bibel beansprucht, ein Tatsachenbericht zu sein. Sie bezeichnet ihren Gott nicht nur als real, sondern direkt als *real erfahrbar*. Ein Gott, den man erleben und über dessen Existenz man zur Gewissheit kommen kann. Das ist eine ganz schön kräftige Herausforderung an unser normales Weltbild und unser persönliches Denksystem. Genauso aber auch an die anderen Religionen. Es klingt auf den ersten Blick anmaßend.

Andererseits - wenn es Tatsache ist, können wir uns viel Suchen und Zweifeln ersparen. Viele Denksysteme führen ja in die Irre. Sie sind Illusionen oder Irrlehren. Wie kann man definitiv wissen, was wahr ist und was gilt? Das muss unbedingt geklärt werden.

Alle Denksysteme sind zunächst nur eine Möglichkeit. Das gilt sowohl für die persönlichen als auch für die offiziellen. Alle diese Systeme haben eines gemeinsam: Sie sind nur Meinungen und keine Beweise. Sie können ein Irrtum sein. Auch wenn viele Menschen die gleiche Meinung vertreten, ist das noch längst kein Beweis. Sogar eine ganze Religion oder Ideologie kann irren.

Solange die Beweise fehlen, ist jedes Denksystem, jede Religion, jede Ideologie und auch jede wissenschaftliche Hypothese nur eine Möglichkeit. Ohne objektive, belegbare, nachprüfbare Kriterien kann man nichts beweisen und auch keine Gewissheit erlangen.

Wir müssen also nach objektiven Daten suchen. Objektive Daten bedeuten Realität. Es geht immer um Tatsachen. Nur die

Realität ist entscheidend, nicht unsere *Meinung von der Realität.* Das intelligenteste Denksystem und der ehrlichste Glaube nützen nichts, wenn sie nicht mit der Realität übereinstimmen. Wenn wir an einen nicht realen Gott glauben, landen wir in einer Scheinsicherheit, ohne dass sich an der Wirklichkeit und den Konsequenzen das Geringste ändert.

Wer an ein solches System glaubt, fühlt sich seiner Sache "sicher" und ist an weiteren Informationen gar nicht interessiert. Er verlässt sich einfach auf seine "Meinung". Konsequenterweise kann er dann auch nie zu einer Gewissheit gelangen.

Unsere *Meinung* ist in Bezug auf die Realität völlig unerheblich. Auch was die berühmtesten Theologen, Wissenschaftler, Religionsstifter und Philosophen denken, hat auf die Realität keinerlei Einfluss. *Auch wenn Millionen Menschen etwas Falsches glauben, wird es dadurch nicht wahrer.* Es geht nicht darum, dass wir nach Bestätigung für irgendeine Meinung oder Lehre suchen (auch wenn es unsere eigene ist), sondern dass wir die Realität herausfinden. Wir müssen untersuchen, welche objektiven Daten und Prüfungskriterien die einzelnen Religionen und Denksysteme anbieten, und dann Schlüsse daraus ziehen.

Im Gegensatz zu anderen religiösen Büchern verlangt die Bibel keinen blinden Glauben. Sie respektiert unsere Zweifel und lädt selbst zur Prüfung ein. Im Umgang mit der Bibel müssen wir also keineswegs unseren Verstand ausschalten, wie es immer wieder unterstellt wird. Wir müssen auch nicht blind irgendeinem Führer, Guru oder Propheten folgen.

Es geht also um die Frage, ob die Daten und Kriterien, die die Bibel bietet, denen der anderen Systeme etwas voraus haben. Dazu müssen wir einen kurzen Blick auf die verschiedenen Denk- und Glaubenssysteme werfen und sie miteinander vergleichen. Wir müssen herausfinden, welche nachprüfbaren Angaben sie anbieten.

Wenn Gott, dann welcher Gott?

Praktisch beanspruchen alle religiösen und ideologischen Systeme, die einzige Wahrheit zu besitzen. Diese "Wahrheiten" widersprechen sich jedoch untereinander oft so diametral, dass sie gar nicht alle zugleich "wahr" sein können. Das gilt für alle heiligen Bücher der großen Religionen, die Lehren weiser Männer wie **Buddha, Laotse, Konfuzius** genauso wie für die Privatoffenbarungen der Sektengründer, Gurus, Yogis, Maharishis, Channeler und auch für die Ideen der Philosophen und Ideologen.
Jedesmal ist etwas anderes "wahr" - und in der Regel schließt die eine "Wahrheit" die andere aus.

Irgendwo in dieser Vielfalt von Denksystemen, Glaubenskonzepten, Privatoffenbarungen und Gottesvorstellungen befindet sich möglicherweise die "wahre" Wahrheit. Aber wo? Wo finden wir in dieser Vielfalt nachprüfbare Kriterien?

Manchem Leser ist dieser Ausflug in die verschiedenen Denksysteme in einem Buch über die Bibel vielleicht zu breit. Er darf dieses Kapitel gern überspringen. Für andere ist es gerade deshalb wichtig, weil sie selbst aus einem anderen Denksystem kommen und Mühe haben, sich auf eine neue Sichtweise einzustellen. Für sie ist es hilfreich, wenn sie nicht nur konkrete Gründe kennenlernen, die für die biblische Sicht sprechen, sondern auch Gründe, die gegen ihre alte bisherige Sichtweise sprechen.
In jedem Fall ist es günstig, bei Gesprächen mit Andersdenkenden auch ihre Denkweise zu verstehen. Aus diesem Grund werden nachfolgend die unterschiedlichen religiösen Sichtweisen kurz erläutert.

Alle die verschiedenen Denksysteme lassen sich in vier Grundkonzepte einteilen: *Atheismus, Polytheismus, Pantheismus und Monotheismus.* Was besagen diese Konzepte im Einzelnen?

1. Atheismus:

Der Glaube an keinen Gott. Der Mensch tritt an die Stelle Gottes. Einen Beweis für die Nichtexistenz Gottes kann der Atheismus allerdings nie erbringen. Alle konkreten Beweise fehlen - wenn man einmal von "Beweisen" wie "Niemand kann Gott sehen" absieht. Atheismus ist daher genauso ein Glaubenskonzept wie die Religionen. Für seine Anhänger wird er oft zu einer Ersatzreligion.

Im nachchristlichen Westen prägt der Atheismus massiv das öffentliche Denken. Gewöhnlich tritt er auf im Gewand atheistischer Philosophien und Ideologien wie Humanismus, Liberalismus, Existentialismus, Marxismus, Rationalismus usw.

Es gibt sachliche, suchende und sehr aggressiv-militante, antichristliche Atheisten. *Sachliche Atheisten* sind durchaus an der Wahrheit interessiert, und man kann gut mit ihnen reden. *Militante Atheisten* sind gewöhnlich weniger an der Wahrheit als an der Bestätigung ihrer antichristlichen Einstellung interessiert. Ein normaler Meinungsaustausch mit ihnen ist extrem schwierig.

2. Polytheismus:

Der Glaube an viele Götter; an Ahnengeister, Totemfiguren, Dämonen, Schamanentum, Voodookult, Zauberei, Hexerei, Magie, Gaia/Mutter Erde, Germanengötter usw. Alles, was zum Bereich der Naturreligionen gehört. Bisher ging man im westlichen Kulturkreis davon aus, dass in diesem Bereich derjenige Gott, der als mögliche Realität hinter allem Leben steht, nicht zu suchen ist. Das beginnt sich rapide zu ändern. *Heute findet diese Art Glauben unter Esoterikern, Satanisten, Kultgruppen usw. bereits regen Zuspruch.*

Die Naturreligionen können mit einer bestimmten Art von Beweisen aufwarten, nämlich mit gewissen Wundern, Kraftwirkungen und sogar Heilungen. Aber sie können nicht nachweisen, dass diese Wunder aus göttlicher Quelle kommen.

Das Umfeld dieser Wunder, wie stundenlange Beschwörungen, Tänze, Zaubertränke, Flüche und magische Rituale, deutet auf das genaue Gegenteil hin. Als Quelle dieser Wirkungen kommen daher nur Realitäten negativer Art wie okkult-dämonische Mächte in Frage. Darauf weisen auch die oft zerstörerischen und zum Teil tödlichen Folgen solcher Betätigungen hin. Menschen in diesem Umfeld sind oft dämonisch belastet und gebunden. Zahlreiche Beispiele dafür finden sich in Büchern von **Kurt Koch** *(Okkultes ABC, Hänssler Holzgerlingen 1982).*

3. Pantheismus:

Darunter versteht man den Glauben an einen "Gott", der "allumfassend" alles enthält und erfüllt - Gut und Böse, den gesamten Kosmos, die Natur, alle Lebewesen und jeden Menschen vom Verbrecher bis zum "Heiligen". Dieses göttliche "Etwas" ist völlig ohne Personalität. Es ist ein unpersönliches *"ewiges Gesetz"* (Karma) oder eine unbestimmte *"kosmische Energie"*.

Die Wurzeln dieses Glaubens finden sich im *Hinduismus-Buddhismus*. Ende des 19. Jahrhunderts wurde er von den Theosophen-Anthroposophen in den Westen importiert. In moderner Form taucht er heute in vielen Sekten, bei Channelern (Personen, die sich unsichtbaren Mächten als "Kanal" (= englisch "Channel") zur Verfügung stellen) und in der "New-Age"-Bewegung (dem Glauben an ein neues "Wassermannzeitalter") wieder auf. Selbst viele Menschen mit christlichem Hintergrund stellen sich Gott als eine Art pantheistische, unpersönliche, unbestimmte Kraft vor - ganz im Gegensatz zu den Aussagen der Bibel.

Konkrete Beweise für das pantheistische Konzept sind außer den Wunderwirkungen der Yogis und Fakire nicht zu erbringen. Die Erleuchtungen der Buddhisten bzw. die heiligen Bücher des Hinduismus (Bhagavadgita, Upanischaden und Weden) enthalten keine nachprüfbaren Daten. Sie sind nur persönliche Erfahrungen oder blumig ausgeschmückte Erzählungen und können daher nicht geprüft werden.

4. Monotheismus:

Der Glaube an einen einzigen, personhaften Gott, wie er sich in den monotheistischen Religionen Islam, Judentum und Christentum findet. Der Mensch lebt entweder unter dem Prinzip des Gesetzes (Islam und Judentum) oder der Gnade (Christentum).

Im *Islam* steht er einem strengen, unnahbaren Gesetzesgott gegenüber, der letztlich willkürlich über das Schicksal jedes Menschen entscheidet. Im *Judentum* überwiegt das Gesetz, es finden sich aber auch Elemente der Gnade. Die Juden erkennen Jesus bis heute nicht als ihren Messias und hoffen auf einen zukünftigen Messias. Im **Christentum** begegnen wir dem gleichen Gott wie im Judentum, zu dem wir jedoch in Jesus Christus einen freien Zugang haben und der uns dann als gütiger Vatergott gegenübertritt.

Glaubensgrundlage der Moslems ist der Koran, die der Juden das Alte Testament und die der Christen die ganze Bibel, das Alte Testament (AT) und das Neue Testament (NT). Während die Bibel jedoch, sowohl im AT als auch im NT, eine Fülle von konkreten, nachprüfbaren Daten enthält, fehlen solche Daten im Koran völlig. Die Aussagen des Korans beruhen allein auf den persönlichen Offenbarungen Mohammeds. Solche Offenbarungen sind naturgemäß subjektiv und können nicht geprüft, sondern nur "geglaubt" werden.

Hinzu kommt, dass diese Offenbarungen erst nach dem Tod Mohammeds aus vielen Teilstücken und mündlichen Überlieferungen zusammengestellt wurden. Es gab zunächst mehrere verschiedene Textsammlungen und Lesarten des Korans. Recht willkürlich wurde schließlich die Textsammlung des Kalifen Uthman als der richtige Koran ausgewählt. Andere Sammlungen wurden angepasst oder vernichtet. Der Koran ist also keineswegs, wie immer behauptet wird, "vom Himmel herabgelassen", sondern wurde einige Male verändert und umgeschrieben. Manche Suren wurden sogar wieder gestrichen. *(Literatur. Aaron Graser, Der Koran - irrtumslos und fehlerfrei?, Zeitjournal 2011, S. 21).*

Kann Gott ein unpersönliches Gesetz (Karma) sein?

Im Westen hat vor allem das östliche Konzept von Karma und Reinkarnation in den letzten Jahren reichen Zulauf gefunden. Zahlreiche Swamis, Yogis und Gurus haben dieses Konzept auf die westlichen Bedürnisse abgestimmt und "angepasst". Sie haben z.b. die Reinkarnation "nach unten" (vom Menschsein auf die Tier-oder Pflanzenstufe) "abgeschafft". Im Westen geht es also nur noch "aufwärts".

Das Konzept eines unpersönlichen göttlichen Gesetzes lässt jedoch viele Fragen offen. Ist ein unpersönliches ethisches Gesetz ohne einen personhaften Gott überhaupt denkbar?

Eine solche Vorstellung ist in sich selbst nicht logisch. Wenn es tatsächlich so etwas wie ein moralisches Prinzip oder "ewiges Gesetz" gibt, dann kann das nicht losgelöst von einem "Gesetzgeber" sein. *Ohne eine gesetzgebende Instanz schwebt jedes ethisch-moralische Gesetz im Raum und bleibt völlig unverbindlich.* Das heißt, es ist gar kein Gesetz, sondern eine bloße Idee. Ein sittliches Gesetz wird erst dann zu einem Gesetz, wenn ein "Gesetzgeber" da ist, der auch wertende und richterliche Autorität ausübt. Das kann im ethisch-moralischen Bereich nur eine Persönlichkeit sein.

Auch die Vorstellung von einem Gott, der eine unpersönliche Kraft oder kosmische Energie ist, hilft nicht weiter. Eine unbestimmte Kraft (wie z.b. Schwerkraft oder Elektrizität) kann weder denken, planen, werten, urteilen, entscheiden noch handeln. Wenn Gott keine Persönlichkeit besitzt, wäre er weniger als wir! Wenn aber Gott existiert, dann muss er mehr sein als wir, sonst wäre er kein Gott. Und wenn wir Menschen sowohl eine Persönlichkeit als auch ein moralisches Bewusstsein (Gewissen) besitzen, weist dies auf einen personhaften und über uns stehenden Gesetzes- bzw. Gewissensgeber hin. Sowohl ein ewiges Gesetz als auch eine unbestimmte Kraft sind ohne einen personhaften Gott logisch nicht möglich.

Was die *"Rückerinnerungen"* (u.a. auch indischer Kinder) im Reinkarnationskonzept angeht, lassen sich diese alle auch anders erklären. Über das Reinkarnationskonzept wird an anderer Stelle berichtet *(Die Abschaffung der Realität, TPI Hurlach 2002).*

Echte oder unechte Prophetie?

Auch der Islam gewinnt in Europa an Anhängern. **Mohammed** stellte sich selbst in eine Reihe mit den biblischen Propheten und bezeichnete sich selbst als der "letzte Prophet". Um diesen Anspruch zu prüfen, müssen wir untersuchen, wie die Bibel ihre Propheten und deren Prophetien definiert.

Die Bibel unterscheidet zwischen echten und falschen Propheten. Auch die falschen geben sich als Propheten Gottes aus, aber sie sind nicht von Gott berufen. Ihre Voraussagen erweisen sich als falsch; sie erfüllen sich nicht. Solche Propheten werden als Lügenpropheten bezeichnet. Ein Beispiel dafür in der Bibel ist der falsche Prophet **Hananja**, der der Gerichtsbotschaft des echten Propheten **Jeremia** mit einer fälschlichen Friedensbotschaft entgegentrat. Jeremia antwortet ihm: "Du machst, dass das Volk sich auf Lügen verlässt" und kündigt ihm den Tod im gleichen Jahr an. Dieser trat auch ein (Jeremia Kap. 28). Gott ist gegen Lügen, das steht bereits in den Zehn Geboten.

Die Prophetien der alttestamentlichen Propheten enthielten immer auch *Voraussagen auf die Zukunft.* Kennzeichen für Propheten, die im Auftrag Gottes sprachen, war daher die genaue und fehlerfreie Erfüllung ihrer Prophetien. Wenn sich eine Prophetie nicht erfüllte, wusste jeder, dass der Prophet nicht von Gott berufen war (5. Mose 18, 22).

Mohammed gab keine Voraussagen auf zukünftige Ereignisse ab. Er war daher im biblischen Sinne gar kein "Prophet", denn er sah nicht in die Zukunft. Er erhielt lediglich "Offenbarungen" über das, was seine Anhänger tun sollten. Im Gegensatz zu den Prophetien der Bibel konnte bei diesen Offenbarungen natürlich nicht geprüft werden, ob sie sich erfüllten oder nicht. So gibt es kein Kriterium, ob die Offenbarungen Mohammeds von Gott kamen oder nicht.

Mohammed lebte auch nicht wie ein Prophet. Seine Triebhaftigkeit wird selbst vom Koran nicht verschwiegen. Während Mohammed seinen Glaubensbrüdern nur vier Frauen erlaubte, erhielt er selbst durch "göttliche Offenbarung" die Genehmigung, soviele Frauen zu nehmen, wie er wollte (Koran, Sure 33, 50). Er machte nicht einmal vor der Frau seines Adoptivsohnes halt. Als der Adoptivsohn sich nicht scheiden lassen wollte, erhielt Mohammed eine neue "Offenbarung Allahs". Sie "bestimmte" die Scheidung der Schwiegertochter von ihrem Mann und die Ehe mit Mohammed.

Mohammed erlaubte sogar offiziell das Lügen gegenüber Nichtmoslems. Lügen sind im Islam beim Umgang mit Andersgläubigen ein vom Koran erlaubtes Mittel. Beim Gott der Bibel ist so etwas undenkbar.

(Literatur: Mark Gabriel, Jesus und Mohammed, Resch, Gräfelfing 2006; Thomas Schirrmacher, Koran und Bibel, Hänssler, Holzgerlingen 2008). Bevor **Mark Gabriel** Christ wurde, war er Professor an der Al-Azhar-Universität in Kairo und Iman an der Moschee von Gizeh.

Führen alle Religionen zu Gott?

Viele Menschen akzeptieren zwar die Bibel als "göttlich inspiriertes" Buch, halten aber die Bücher und Lehren anderer Religionen für gleichwertig. Sie können sich nicht mit dem Ausschließlichkeitsanspruch der Bibel anfreunden. Er widerspricht ihrem Toleranzverständnis.

Das ist verständlich, denn der Anspruch der Bibel, "einzig" wahre Informationsquelle über den "einzig" wahren Gott zu sein,

27

klingt sehr intolerant. Wie steht es um diesen hohen Anspruch? Führen die verschiedenen Religionen nicht alle zum gleichen Gott? Und sind sie nicht alle nur unterschiedliche Entwicklungsstufen auf dem Weg dahin?

Dieser Gedanke, so schmerzlich es für manche sein mag, ist nicht schlüssig. Wir halten heute "Wahrheit" allgemein für "relativ". In Bezug auf moralisch-ethische Werte und religiöse Lehren sind wir "tolerant", weil wir meinen, dass es keinen absoluten Bezugspunkt gibt. *Wenn aber Gott existiert, gibt es einen absoluten Bezugspunkt.* Dann ist nicht unsere Meinung maßgebend, sondern allein die Sichtweise Gottes.

Dann ist es auch nicht möglich, alle die unterschiedlichen Denk- und Glaubenssysteme unter einen Hut zu bringen. Ihre oft direkt gegensätzlichen religiösen "Wahrheiten" und Wertsysteme können weder vom gleichen Gott stammen noch zum gleichen Gott hinführen. Da sie sich gegenseitig widersprechen, können sie nicht alle gleichermaßen wahr sein. *Und wenn sie nicht wahr sind, können sie auch nicht helfen.* Wir setzen dann unsere Hoffnung auf eine Illusion.

Das ist keine Intoleranz und Diskriminierung Andersdenkender, sondern einfach eine Beschreibung des Sachverhalts. So wie Gott sich in der Bibel offenbart hat, liebt er zweifellos alle Menschen und möchte sich allen erkennbar machen. Aber unser Ziel muss die Wahrheit sein. Toleranz gegenüber einer Lehre, die nicht der Realität entspricht, schafft eine trügerische Scheinsicherheit und Gleichgültigkeit. Es wäre wie Toleranz gegenüber einer nicht tragfähigen Brücke über einen Abgrund. Auch diese bricht ja erst dann, wenn man sie betreten hat und keine Möglichkeit mehr zum Umkehren besteht.

Heute ist der religiöse *Pluralismus* (= "Vielgestaltigkeit") modern. Pluralisten versuchen, alle Religionen und Weltanschauungen unter einen Hut zu bringen. Sie gehen davon aus, dass es viele gleichwertige "Wahrheiten gibt, die sich nebeneinander stellen lassen Hierzu gehört auch das, was unter dem Etikett "religiöser Dialog" gehandelt wird. Moslems werden dabei als die "anderen Kindern Abrahams" angesehen usw. Das sind menschlich verständliche Bemühungen, die jedoch die göttliche Dimension außer Acht lassen. Diese bleibt durch menschliche "Dialoge" völlig unbeeinflusst. Pluralisten geraten daher in Konflikt mit der göttlichen Wahrheit. Die ist eben nicht relativ, sondern absolut.

Außerdem ergeben sich auch Konflikte mit der Logik: Gott kann nicht zugleich ein persönlicher, liebender, gerechter Schöpfergott sein und auf der anderen Seite ein unnahbarer Gott der willkürlichen Vorherbestimmung (Kismet im Koran). Oder ein "göttliches Es" von 33 Einzelgöttern mit jeweils einer Million Untergöttern (Hinduismus). Auch kein unpersönliches "ewiges Gesetz" (Buddhismus); kein Totempfahl oder menschlicher Vorfahre (Animismus) und schließlich auch nicht die "Tiefe des Seins" (Philosophie), "der autonome Mensch" (Humanismus) oder ein "zwischenmenschliches Ereignis" ("moderne" Theologie).

Eines widerspricht dem anderen. Eine Dialektik (Angleichung, Zusammenbringung) ist hier nicht möglich. *Die verschiedenen Gottesvorstellungen schließen einander aus.*

Der entscheidende Unterschied

Es ist daher logisch nicht möglich, dass alle Wege zu Gott führen. Diese Erkenntnis kommt bereits deutlich in den jeweiligen Grundaussagen der Religionen zum Ausdruck. In allen Religionen und Denksystemen gibt es nämlich nur zwei Prinzipien der Erlösung. Diese sind einander total entgegengesetzt: *Entweder Selbsterlösung oder Erlösung durch göttliche Vergebung.* Dies ist der entscheidende Unterschied.

Die Möglichkeit der Erlösung durch Vergebung findet sich

nur in der Bibel - durch Jesus Christus. In allen anderen Religionen dagegen herrscht das Prinzip der Selbsterlösung: durch Einhalten von Geboten und Riten (Islam), Abarbeiten der Karmaschuld (Hinduismus, Buddhismus, Anthroposophie); Selbstrechtfertigung durch gute Werke, Leistungen und eigene Verdienste (Humanismus, Traditions-Christentum); Befolgen der Vorschriften selbsternannter Gurus und Offenbarungsempfänger (Sekten) usw.

Es gibt immer nur zwei Wege, wie der Mensch zu einem "Gott" kommt: Entweder, indem er sich einen Gott aufgrund seiner Vorstellungen erfindet - oder aber, indem der reale Gott sich ihm offenbart. Das eine ist der Weg vom Menschen zu Gott, das andere der von Gott zum Menschen. Im ersten Fall ist "Gott" ein theologisches oder ideologisches System (also Religion und Theorie), im zweiten Fall erfahrbare Realität. Nur im zweiten Fall ist eine persönliche Gewissheit erreichbar.

Die Bibel behauptet, Gott habe sich personhaft offenbart - in Jesus Christus. Den Beweis dafür erbringt die biblische Prophetie. Jahrhunderte lang sagte das Alte Testament das Kommen des Messias (griechisch: "Christus") voraus, dann trat es ein, genauso wie vorhergesagt. Was es für uns bedeutet, beschreibt das Neue Testament.

Nur durch Jesus Christus, so behauptet die Bibel, können wir eine gute Zukunft erreichen. Keinesfalls durch ein gutes Leben, fromme Leistungen oder gar "automatisch" durch unseren Taufschein. Auch nicht durch Mitgliedschaft in einer Kirche, Konfession, Gruppe, Gesellschaft, Organisation oder Religion. Ebenso nicht durch sozialen und gesellschaftlichen Einsatz.

Selbst so hochzuschätzende Werte wie Gesundheit und langes Leben sind in Bezug auf die Ewigkeit nur relativ. Die Bibel weist immer wieder darauf hin, *dass es letztlich um die Ewigkeit geht.* Auch das schönste und "erfüllteste" Leben mit Arbeit, Gesundheit, Hobbys und allen möglichen Vergnügungen geht zu Ende. Wenn wir dann unser Leben nicht bei Gott festgemacht haben, verpassen wir unser eigentliches Ziel.

Alle diese Aussagen gehen davon aus, dass die Bibel das wahre und unverfälschte Buch Gottes ist. Dafür muss der Beweis erbracht werden.

Hat sich Gott, wie es die Bibel behauptet, tatsächlich in Jesus Christus offenbart? Hat er es durch sein Handeln am Volk Israel in Zeit und Raum getan und tut er es heute noch? Ist die Bibel glaubwürdig und als Informationsquelle zuverlässig? Kann sie konkrete Beweise für ihren göttlichen Ursprung erbringen?

Wann ist eine Informationsquelle zuverlässig?

Wie kann man prüfen, ob eine Information wahr und keine Täuschung, Lüge oder Phantasie ist? Antwort: Wir müssen untersuchen, ob ihre konkreten Aussagen mit den *äußerlich objektiven Tatsachen* des Lebens und den *inneren Erfahrungen*, die jeder Mensch machen kann, übereinstimmen. Wir prüfen also die Zuverlässigkeit der Informationsquelle an ihren nachprüfbaren Angaben. Dies kann man gründlich und in Ruhe tun, unter Benutzung aller verfügbaren Mittel und von Verstand und Logik.

Die Bibel behauptet von sich, ein übernatürliches Buch zu sein, das inspirierte "Wort Gottes". An welchen konkreten Angaben lässt sich ihre Zuverlässigkeit prüfen?

Als *objektive* (sachliche) Prüfungskriterien bieten sich ihre historischen, geografischen, naturwissenschaftlichen und prophetischen Angaben an. Das sind alles konkrete Daten, wie sie sonst in keinem anderen religiösen Buch der Welt zu finden sind. Dazu kommen die archäologischen Funde und die Einheit und innere Konsequenz der Bibel.

Subjektiv (auf der persönlichen Ebene) bietet sich der Anspruch der Bibel an, keine abstrakte Theorie, sondern einen erfahrbaren Gott zu bezeugen. Also eine Realität, die erfahrbar ist, und zwar persönlich und real von jedem Menschen. Etwa in der gleichen Weise wie Liebe oder Hass, Sattsein oder Hunger erfahrbar sind. Alle diese Empfindungen sind unsichtbar, aber real, auch wenn man sie einem Menschen äußerlich nicht ansehen kann. Aber wer z.B. hungrig ist, hat darüber eine klare persönliche Gewissheit. Eine solche innere Gewissheit bietet uns auch die Bibel in Bezug auf die Realität Gottes an.

Mit den genannten Kriterien gibt uns die Bibel eine ganze Palette von Möglichkeiten in die Hand, an denen wir ihre Aussagen nachprüfen können. Das soll in den folgenden Kapiteln geschehen.

"Denn gleichwie der Regen und Schnee vom Himmel fällt... und feuchtet die Erde und macht sie fruchtbar, ... so soll das Wort, das aus meinem Munde geht, auch sein: Es wird nicht wieder leer zu mir zurückkommen, sondern wird tun, was mir gefällt ..."

(Jesaja 55, 10–11)

Einzigartig in vieler Hinsicht

Die Bibel besteht aus *66* Einzelbüchern, die in etwa *1600* Jahren von ca. *40* verschiedenen Autoren geschrieben wurden. Man muss sich die Spanne dieses Zeitraumes einmal vor Augen halten: *anderthalb Jahrtausende!* Die einzelnen Schreiber lebten in ganz verschiedenen Jahrhunderten und übten die unterschiedlichsten Berufe aus. Es gab unter ihnen Könige, Minister und Gelehrte, aber auch ungebildete Hirten und Fischer.

Auch wenn die Autoren dem gleichen kulturellen Erbe entstammen, würde man bei jedem Buch, das auf diese Weise fertiggestellt wird, nicht mehr als ein Sammelsurium von Ideen und Ansichten erwarten. Aber die Bibel ist in ihrer Thematik ein Buch von durchgehender Einheit. Ihr Generalthema ist die Sündhaftigkeit und Erlösungsbedürftigkeit des Menschen gegenüber der Heiligkeit und Vergebungsbereitschaft Gottes.

Das Zentrum der ganzen Schrift, des Alten und Neuen Testaments (AT und NT), ist **Jesus Christus**. Im AT findet sich in zahlreichen prophetischen Voraussagen seine Ankündigung, im NT deren Erfüllung und der Ausblick auf die Zukunft. Vom 1. Buch Mose bis zum Buch der Offenbarung am Schluss der Bibel enthüllt sich fortlaufend der gewaltige *Heilsplan Gottes* mit den Menschen.

Für die Glaubwürdigkeit der Bibel spricht in besonderem Maße ihre unbestechliche Ehrlichkeit. Nirgends wird Sünde bemäntelt, beschönigt oder verschwiegen. Selbst bei ihren "Helden", den Männern und Frauen Gottes, deckt die Bibel alle Verfehlungen und Schwächen schonungslos auf.

Abraham, der Mann des Glaubens, greift zu einer Lüge - er gibt seine Frau Sara zweimal als seine Schwester aus. König **David**, ein Mann "nach dem Herzen Gottes", wird als Ehebrecher und Mörder entlarvt (tut aber öffentlich darüber Buße); **Petrus**, einer der drei Lieblingsjünger Jesu, verleugnet Jesus in seiner schwersten Stunde (aber kehrt später wieder zu Jesus um). Für ein religiöses Buch ist eine derartige Konsequenz, bei der Sünde immer Sünde bleibt - auch gegenüber ihren "Helden", eine echte Rarität.

1600 Jahre lang wird in erstaunlicher Übereinstimmung von ganz verschiedenen Autoren über Gott, den Menschen, Sünde, Satan, Jesus Christus und den Heiligen Geist gelehrt. All dies ist einzigartig. Andererseits ist es einfach nur logisch, weil die Bibel darauf hinweist, dass alle Schreiber der biblischen Bücher vom Heiligen Geist *inspiriert* waren. Der eigentliche Verfasser bzw. Herausgeber der Bibel ist daher Gott.

Was bedeutet "Inspiration"?

Der Anspruch der Bibel, vom Geist Gottes "inspiriert" und daher das "Wort Gottes" zu sein, wird oft missverständlich aufgefasst. Was heißt "Inspiration"?

Es heißt, dass der Heilige Geist den Schreibern göttliche

Gedanken eingab, die sie gemäß ihrer persönlichen Art und Begabung niederschrieben. Also weder ein göttliches Diktat, noch rein menschliche Vorstellungen, sondern von Gott "einge-hauchte" Eingebungen ("inspiriert" heißt "eingehaucht"). Die Bibel beschreibt dies so: "Denn niemals wurde eine Weissagung durch menschlichen Willen hervorgebracht, sondern vom Heili-gen Geist getrieben redeten heilige Menschen im Auftrag Gottes" (2. Petrus 1, 21). Die Schreiber der Bibel waren bei vollem Bewusstsein und benutzten ihren Verstand. Gott gab ihnen aber Eindrücke und Gedanken, die sie mit eigenen Worten niederschrieben.

Der Apostel Paulus drückt den gleichen Sachverhalt so aus: "Ich tue euch kund, liebe Brüder, dass das Evangelium, das von mir gepredigt ist, nicht von menschlicher Art ist. Denn ich habe es nicht von einem Menschen empfangen oder gelernt, sondern durch eine Offenbarung Jesu Christi" (Galater 1, 11-12).

Der Anspruch der Inspiration gilt für die ganze Bibel: "Alle Schrift ist von Gott eingegeben und nützlich zur Lehre, zur Überführung, zur Zurechtweisung, zur Unterweisung in der Gerechtigkeit, damit der Mensch Gottes vollkommen sei, zu jedem guten Werk völlig zugerüstet" (2. Timotheus 3, 16-17; Revidierte Elberfelder Bibel). In dieser Aussage kommt auch zum Ausdruck, was die Bibel beabsichtigt. Sie will dem Men-schen über sich selbst und Gott Klarheit verschaffen und ihn anleiten, nach Gottes Prinzipien zu leben.

Für "moderne Theologen" ist der Inspirationsanspruch der Bibel natürlich Unsinn. Schließlich gehen sie ja davon aus, dass die Bibel nur ein normales Buch ist - sonst könnten sie ja den Text nicht nach Gutdünken zerpflücken und auseinandernehmen, wie es ihnen gefällt.

Kann die Bibel für ihren Inspirationsanspruch einen Beweis erbringen? Zunächst ist dieser Anspruch ja tatsächlich nur eine Behauptung, wie sie andere Religionen auch aufstellen. Aber im Gegensatz zu den Büchern anderer Religionen bietet die Bibel für diesen Anspruch auch die Möglichkeit einer Prüfung. Das tut sie vor allem durch ihre konkreten Daten und ihre Tausende von prophetischen Versen, die sich bisher immer richtig erfüllt haben.

Besonders die Prophetien der Bibel bewerten liberale "moderne" Theologen als Spekulation. Das ist verständlich, denn wenn sie Tatsache sind, ist die "moderne Theologie" nicht mehr modern, sondern überholt. Denn damit tritt die Bibel ihre göttliche Herkunft ja nicht nur auf der natürlichen, sondern auch auf der *übernatürlichen* Ebene an. Das gerade macht sie ja einzigartig unter allen religiösen Büchern.

Wie in den folgenden Kapiteln gezeigt wird, gibt es massive Hinweise dafür, dass dieser biblische Inspirationsanspruch zu Recht besteht.

Aufgrund ihres Inspirationsanspruchs beansprucht die Bibel göttliche Autorität. Über 2600mal findet sich in ihr der Ausdruck: "So spricht der Herr" oder "Das Wort des Herrn erging an ..." In vielen Abschnitten heißt es oft wechselweise: "Gott sagt" oder "die Schrift sagt". Die Bibel versteht daher alle ihre Aussagen als verbindlich, völlig unabhängig davon, ob wir daran glauben oder nicht.

Wenn dieser Anspruch zu Recht besteht, ändert daran auch das *Fehlverhalten einzelner Christen* oder der Kirche nichts. Das hat es immer gegeben hat und wird es auch leider immer geben. Man kann die Fehler der Arbeiter nicht dem Architekten in die Schuhe schieben. Wir müssen genau unterscheiden zwischen Gott und seinem Wort auf der einen Seite und dem Menschen und menschlichen Institutionen (Kirche usw.) auf der anderen Seite.

Wenn Menschen, die sich als Christen verstehen, Fehler begehen, macht das daher in keiner Weise Gott oder die Bibel unglaubwürdig. Es ist absurd, Gott oder die Bibel oder das Christentum dafür verantwortlich zu machen, dass ein Pfarrer oder Christ in irgendeinem Punkt versagt. Das passiert auch gläubigen und gottesfürchtigen Menschen gelegentlich. Kein

Mensch ist unfehlbar. Versagen darf allerdings nie zum Dauer-zustand werden. Es erfordert immer eine erneute Umkehr.

Viele Menschen bezeichnen sich auch als Christen, ohne es wirklich - im biblischen Sinne - zu sein. Jesus nennt sie "geistlich tot". Er sagt z.b. von einer solchen Gemeinde: "Du hast den Namen, dass du lebst, aber du bist tot (Offenbarung 3,1). Oft wurde schon "im Namen Gottes" Unrecht begangen (Inquisition, Kreuzzüge), das weder von Gott noch von seinem Wort und Willen herzuleiten wäre.

Über die göttliche Inspiration haben sich kluge Köpfe schon zu allen Zeiten Gedanken gemacht. Ein verblüffend origineller, aber durchaus logischer Inspirationsbeweis stammt von **John Wesley**, dem Gründer der Methodistenkirche in England. Wesley argumentiert folgendermaßen:

Als Autoren der Bibel kommen nur folgende drei Quellen in Frage: 1. schlechte Menschen und der Teufel, 2. gute Menschen und Engel, 3. Gott.

- zu 1. Die Bibel kann nicht von schlechten Menschen oder dem Teufel stammen, weil diese sich damit vor aller Welt in ihrer Sündhaftigkeit bloßstellen und selbst in die Hölle verdammen würden.

- zu 2. Die Bibel kann auch nicht von guten Menschen oder Engeln stammen, weil diese dann ständig lügen würden, wenn sie schreiben: "Gott spricht ..."

- zu 3. Da somit alle anderen Quellen ausscheiden, kann die Bibel nur von Gott eingegeben sein.

Wesley bringt in aller Kürze das Wesentliche auf den Punkt. So wie die Bibel angelegt ist, kann sie nur von Gott stammen.

Wie verstand Jesus die Bibel?

Manche Leute glauben nicht an die Inspiration der Bibel, aber sie lassen immerhin Jesus als Sohn Gottes gelten. Dieser Jesus ist dann allerdings ein weitgehend von der Bibel losgelöster Jesus.

Doch Jesus und die Bibel zu trennen, ist nicht möglich. *Jesus ging stets von der Inspiration der Bibel aus.* Er verstand die Heilige Schrift weder mythisch noch symbolisch, sondern konkret und verbindlich. Das tat er nicht als "Kind seiner Zeit", sondern als der Messias Gottes und voll Heiligen Geistes. Was er sagte, kam aus prophetischem Wissen: "Bis dass Himmel und Erde vergehen, wird nicht ein Jota noch ein einziges Strichlein vom Gesetz vergehen, bis alles geschehen ist" (Matthäus 5, 18). In seinem letzten Gebet für die Jünger setzte er die Bibel mit göttlicher Wahrheit gleich: *"Heilige sie in deiner Wahrheit; dein Wort ist die Wahrheit"* (Johannes 17, 17). Damit bestätigt er grundsätzlich das Alte Testament als "Wort Gottes".

Anders als die "moderne Theologie" wertete Jesus die Berichte des AT durchweg als Tatsachen. Das gilt für praktisch alle von der "modernen Theologie" für "ungültig" oder "symbolisch" erklärten Texte: den Schöpfungsbericht (Matthäus 19, 4-5), den Sintflutbericht (Matthäus 24, 37), den Bericht über den Propheten Jona (Matthäus 12, 40), über Sodom und Gomorra (Matthäus 10. 15), die Prophetien Daniels (Matthäus 24, 15), die des Propheten Jesaja (Matthäus 8, 17) und auch die der meisten anderen Propheten.

Ausdrücklich erkannte Jesus auch **Mose** als Autor der "Bücher Mose" an: "Wenn ihr aber seinen Schriften nicht glaubt, wie werdet ihr meinen Worten glauben?" (Johannes 5, 47). Entweder war Jesus weniger gebildet als die "modernen" Theologen, die als Quelle der Bücher Mose vier anonyme Schreiber namens J-E-D-P erkundet haben, oder er wusste mehr als sie. Das würde sich gut mit seinem Anspruch decken, Gottes Sohn zu sein. Konsequenterweise hat darum die "moderne Theologie" diesen Anspruch ebenfalls für ungültig erklärt.

Jesus selbst maß allen seinen Aussagen göttliche Autorität bei: "Wer mich verachtet und nimmt meine Worte nicht an, der hat schon seinen Richter: Das Wort, das ich geredet habe, wird ihn richten am Jüngsten Tage" (Johannes 12, 48). So spricht nur jemand, der entweder größenwahnsinnig oder seiner Sache sicher ist.

Mose vor dem brennenden Dornbusch. Wenn es nach der "modernen Theologie" ginge, wären solche Berichte der Bibel nur Fabeln wie die vom Hasen
und Igel. Obwohl Mose nicht Theologie studiert hatte, hielt ihn Gott für
fähig, ein Zweimillionenvolk zu leiten und die Zehn Gebote zu empfangen.

Noch überzogener mutet folgende seiner Aussagen an: *"Him-
mel und Erde werden vergehen, aber meine Worte werden nicht
vergehen"* (Matthäus 24, 35). Das klingt äußerst übertrieben und
müsste durch die Fakten leicht zu widerlegen sein. Als Jesus diese
Aussagen machte, war er - menschlich gesehen - ein mittelloser
Wanderprediger in einem kleinen Land am Rand des römischen
Imperiums, dem ein Dutzend ungebildeter Männer folgte und der
in seinem ganzen Leben nie etwas schriftlich veröffentlichte.
Aber diese so ungeheuer anspruchsvoll und anmaßend wirkende
Aussage hat sich erkennbar erfüllt: Seine Worte sind bis heute

nicht vergangen. Es gibt guten Grund zu der Annahme, dass es auch so bleiben wird.

Dagegen sind bereits ganze Bücher, Abhandlungen und hochwissenschaftliche Forschungsergebnisse vieler "moderner Theologen" nach wenigen Jahren wieder in der Versenkung verschwunden.

Der "Kanon" und die "Apokryphen"

Unter *"Kanon"* versteht man die Gesamtheit der 66 biblischen Bücher, die das Alte und Neue Testament bilden. Es drängt sich natürlich die Frage auf, wer die Bücher da hineingebracht hat. Wieso sind es gerade diese und keine anderen Bücher? Hatte Gott etwas damit zu tun, oder waren das rein menschliche Überlegungen und Entscheidungen (z. B. Konzilsbeschlüsse)?

Was den *alttestamentlichen Kanon* betrifft, so wurden seine 39 Bücher im Laufe der Jahrhunderte von den jüdischen Priestern und Schriftgelehrten nach und nach gesammelt und dem AT hinzugefügt. Kriterium dabei war, dass diese Gesetzesvorschriften, prophetischen Aussagen, Lieder, Sprüche und historischen Berichte von anerkannt gottesfürchtigen und göttlich inspirierten und autorisierten Personen (zumeist Propheten) stammten.

Dabei mussten auch die Priester teilweise Kritik bis zur Selbstverleugnung einstecken, denn oft prangerten die Propheten gerade die Sünden der Priesterschaft schonungslos an (Götzendienst, Baalskult, Hurerei usw.). Der alttestamentliche Kanon wurde ca. 430 v. Chr. mit dem Buch Maleachi abgeschlossen. Nach dem Propheten Maleachi gab es über 400 Jahre bis zur neutestamentlichen Zeit Johannes des Täufers keinen Propheten mehr in Israel.

Die 27 Bücher des *neutestamentlichen Kanons* entstanden in der Zeit nach der Kreuzigung von Jesus bis etwa zum Jahr 90

n. Chr. (zuletzt die Offenbarung des Johannes). Alle diese Bücher wurden in den ersten beiden Jahrhunderten nach Christus gemäß Übereinstimmung in der Urgemeinde als "göttlich inspiriert" eingestuft. Es waren ausschließlich Berichte von gottesfürchtigen Männern (zumeist Aposteln), die ein hohes Ansehen besaßen und an deren Erfülltsein mit dem Heiligen Geist kein Zweifel bestand.

Anfangs standen noch einige weitere Bücher zur Debatte, die aber bald wegen fehlerhafter Angaben oder falscher Lehren als nicht inspiriert erkannt und aussortiert wurden. Sie werden *"Pseudepigraphen"* genannt. Es sind Phantasieberichte unbekannter Autoren, die ihre Bücher unter dem Namen eines berühmten Apostels herausgaben, um ihnen mehr Aufmerksamkeit zu verschaffen. Dazu gehören der "Barnabasbrief", das "Thomasevangelium", die "Petrus-Apokalyse", der "Brief an die Laodizäer", die "Lehre der Zwölf", das "Hebräerevangelium" usw. Der Auswahlprozess durch die Urgemeinde wurde im Jahre 367 n. Chr. auf dem Konzil von Karthago dann nur noch offiziell bestätigt. Die Anerkennung selbst war längst vorher in den Gemeinden geschehen.

Die katholische Kirche erkennt noch gewisse "apokryphe" Bücher an, die jedoch ebenfalls nicht in die Bibel hineingehören. Als *"Apokryphen"* werden diejenigen Bücher bezeichnet, die in der Zeit zwischen dem letzten alttestamentlichen Propheten Maleachi und dem Neuen Testament entstanden. Es sind die beiden historischen Makkabäerbücher, lehrhafte Bücher wie Baruch, Weisheit Salomos, Jesus Sirach, Zusätze zu den Büchern Daniel und Esther sowie Erzählungen wie Tobias und Judith.

Alle diese Bücher gehörten nie zum alttestamentlichen Kanon und wurden von den Juden auch nie als göttlich inspiriert anerkannt. Sie enthalten lehrmäßige Irrtümer wie Sühneopfer für die Toten (2. Makkabäer 12), Almosen zur Sündenvergebung (Tobias) sowie geschichtliche, chronologische und geografische

Fehler. Die Bücher Tobias und Judith sind von legendenhaftem Charakter.

Zwar gelangten alle diese Bücher zeitweise in die griechische Übersetzung des AT, die "Septuaginta", wurden jedoch bald wieder ausgeschieden. *Die katholische Kirche nahm sie erst im Jahre 1546 im Konzil von Trient in die Bibel auf* - als Reaktion auf die Reformation, weil Luther sich nach dem hebräischen Kanon richtete. Luther erklärte die apokryphen Bücher als der Bibel nicht gleichwertig (ohne sie damit für wertlos zu erklären). Aber alle diese Bücher lassen keine göttliche Inspiration erkennen und erheben auch nicht den Anspruch darauf. Sie können daher in keiner Weise der Bibel gleichgestellt werden. Jesus und die Apostel zitierten nie aus den Apokryphen.

Heute würde man sie einfach unter "religiöse Literatur" einordnen. Diese wird aber natürlich auch nicht in die Bibel hineinplaziert.

Wir können also ohne weiteres davon ausgehen, dass Gott genau über die Bibel wachte - nicht nur bei der Niederschrift der Texte, sondern auch bei deren Sammlung und Zusammenstellung zum "Kanon". Alle Bücher, die in die Bibel hineinsollten, kamen auch hinein, und die nicht hineinsollten, blieben auch draußen. Die Bibel besteht genau aus den Büchern, die Gott dort hineinhaben wollte.

Jesus.: "Himmel und Erde werden vergehen; aber meine Worte werden nicht vergehen."
(Matthäus 24, 35)

DIE "MODERNE THEOLOGIE" UND DIE WUNDERFRAGE

Die biblischen Wunder sind für viele Menschen - besonders Theologen - schwer verdaulich. Sie attackieren unsere Vernunft. Da sind Dinge geschehen, die wir Menschen nicht vollbringen können. Das ist für Leute, die von klein auf mit "Humanismus" geimpft werden, unvorstellbar. Wenn der Mensch das "Maß aller Dinge" ist, fallen Wunder unter den Tisch. Es gibt dann nur zwei Alternativen: entweder Gott anzuerkennen oder die Wunder abzuschaffen. Das letztere erschien vielen Theologen als der "vernünftigere" Weg. Es entstand die *"moderne Theologie"*.

"Modern" ist diese Theologie in dem Sinn, dass sie es für "modern" hält, nicht an die göttliche Inspiration der Bibel zu glauben. Das entspricht dem Trend der Zeit, und in diesem Trend schwimmt die "moderne Theologie" munter mit. Sie hat sogar entscheidend dazu beigetragen, dass dieser Trend überhaupt erst entstand. Aber da er dem menschlichen Bedürfnis nach Unabhängigkeit und Selbstbestimmung entgegenkommt, stieß er auf breite Zustimmung. Die Bibel ist für diese Art "Theologie" nur noch ein Märchen-, Mythen- und Legendenbuch. Gott wurde auf

ein "zwischenmenschliches Ereignis" bzw. eine "Idee" verkürzt.

Es begann mit einer neuen Art von Bibelauslegung im 18. Jahrhundert, der *"historisch-kritischen Methode"*. Diese Auslegung hatte insofern "Methode", als sie die menschliche Vernunft zum Maß aller Dinge machte. Die menschlichen Fähigkeiten wurden zum Maßstab dessen, was Gott "möglich" bzw. "unmöglich" sein konnte. Alles, was menschliche Fähigkeiten übersteigt, wurde als unrealistisch gestrichen. Das Ergebnis war eine Theologie, die von allen Wundern und ähnlich übernatürlichen "Ungereimtheiten" gründlich gereinigt war. Sozusagen ganz auf das Denk- und Fassungsvermögen von Menschen abgestimmt: Übersichtlich, wunderfrei, wissenschaftsfest, "menschenmöglich", rational nachvollziehbar - eben durch und durch "modern".

Auf dem überaus fruchtbaren Boden dieser Methode spross ein ganzes Bündel bibelkritischer Theologien, die schließlich in die "Moderne Theologie" mündeten. Es begann mit der "Liberalen Theologie" um 1830, in der zunächst einmal alle "unechten" Bibelstellen gestrichen wurden. Der deutsche Theologe **Rudolf Bultmann** setzte dieses Streichwerk dann mit einem umfassenden *"Entmythologisierungs-Programm"* fort. Er strich alles übernatürliche Geschehen als "Mythen" heraus. Die vereinten Streichbemühungen der bibelkritischen Theologen ließen die als "echt" anerkannte Bibel im Lauf der Zeit auf etwa ein Drittel ihres Umfangs schrumpfen.

Es überrascht nicht, dass irgendwann auch Gott selbst auf der Strecke blieb. Dafür sorgte die *"Gott-ist-tot-Theologie"* nach dem Zweiten Weltkrieg. Im Zuge der Frauenemanzipation setzten dann "emanzipierte" Theologinnen noch eins drauf und verkündeten die *"Feministische Theologie"*: Aus Gott Vater, Sohn und Heiligem Geist wurde "Gott Mutter, Tochter und Heilige Geistin", Jesus Christus wurde zu "Jesa Christa", Brüder wurden zu Schwestern usw. Das war selbst "modernen" Theologen manchmal zu fortschrittlich. Aber noch immer wächst, blüht und gedeiht die "Moderne Theologie", erfreut sich regen Zuspruchs und einer treuen Anhängerschaft.

Das Erschreckende an dieser Entwicklung ist, dass dieser theologische *"Modernismus"* inzwischen das gesamte westliche Universitätssystem durchsetzt hat. Jeder Student und Professor ist irgendwie in dieses System eingebunden, ob er will oder nicht. Auch gläubige Studenten müssen sich weit in die historisch-kritische Theologie einbringen, weil sie nur so ihr Examen bestehen können. Professoren stehen unter Zwang, weil sie im allgemeinen nur innerhalb der historisch-kritischen Theologie akademische Anerkennung und eine Berufung an eine Hochschule erreichen können.

Nur selten kommt es vor, dass Theologiestudenten die "historisch-kritische" Methode unbeschadet überstehen. Meist läuft es darauf hinaus, dass sie als Pfarrer ihre Theologie über die Bibel stellen. Viele Theologieprofessoren gehen derart in der historisch-kritischen Theologie auf, dass sie oft ihr ganzes Leben daran verwenden, eigene theologische Mutmaßungen anzustellen und an möglichst viele Studenten weiterzugeben.

Früher bestand die Grundlage der Theologie aus den vier reformatorischen Grundsätzen **Martin Luthers:**
Sola fide, sola gracia. sola scriptura, solus Jesus Christus (allein der Glaube, allein die Gnade, allein die Schrift, allein Jesus Christus). Besonders von den beiden letzteren Grundsätzen sind wir inzwischen meilenweit entfernt. Nur vereinzelt gibt es (in Deutschland!) noch eine *"historisch-biblische "*Theologie, denn bibelgläubige Theologen sind dünn gesät.

Heute stellt die historisch-kritische Methode sozusagen die *"wissenschaftliche Garantie"* für eine "seriöse" Bibelauslegung dar. Was für abstruse Ideen dabei manchmal auf die Menschheit losgelassen werden, lässt sich sehr gut an zwei Beispielen aus dem Nachrichtenmagazin DER SPIEGEL beobachten. Das erste ist ein Interview mit dem Göttinger Theologieprofessor Gerd Lüdemann, das zweite ein Artikel des verstorbenen SPIEGEL-Herausgebers Rudolf Augstein.

Die "Wahrheit" über Jesus Christus

Der Theologe **Gerd Lüdemann** wurde in den letzten Jahren vor allem dadurch bekannt, dass er intensiv darum bemüht ist, die "Nichtauferstehung" von Jesus Christus zu beweisen. In einem SPIEGEL-Interview 1996 entwickelte sich folgender hochinteressanter Dialog (gekürzt). Die Aussagen Lüdemanns sind ein gutes Beispiel dafür, wie aus einer ausufernden Phantasie und zwanghaften Meinungen eine ganze "Theologie" entstehen kann:

SPIEGEL: "Demnach war es eine Fehlentscheidung, als die Kirche um 200 n. Chr. bestimmte, was als "Gottes Wort" in die Bibel kommt und was als Menschenwort draußen bleibt? Kriterium war, ob ein Text von einem Apostel stammt."

Lüdemann: "Zweifellos war es ein Fehler. Hätte man damals gewusst, was man heute weiß, so hätte man ein anderes Kriterium wählen müssen, oder aber das Neue Testament wäre ein dünnes Bändchen mit sieben Paulusbriefen."

SPIEGEL: "Ist Jesus Christus für Sie wahrer Gott und wahrer Mensch ...?"

Lüdemann: "Nein. Diese Vorstellung ist antiquiert ..."

SPIEGEL: "Worin hat sich Jesus geirrt?"

Lüdemann: "Vor allem in der Naherwartung des Gottesreiches. Er glaubte, das Ende der Welt selbst noch zu erleben."

SPIEGEL: "Stammt der Taufbefehl von Jesus: 'Darum gehet hin und machet zu Jüngern alle Völker, taufet sie ...'?"

Lüdemann: "Nein. Jesus hat selbst gesagt: 'Ich bin nur gesandt zu den verlorenen Schafen des Hauses Israel' ..."

SPIEGEL: "Hat die Bergpredigt stattgefunden?"

Lüdemann: "Nein, es handelt sich um Worte von Jesus, die der Autor des Matthäus-Evangeliums zusammengestellt hat ..."

SPIEGEL: "Wollte Jesus mit seinem Tod die Menschen erlösen, starb er um ihrer Sünden willen?"

Lüdemann: "Nein, das ist erst nach seinem Tod in sein Leben projiziert worden ..."

SPIEGEL: "Nun ist von dem Menschen Jesus wenig übriggeblieben, seit die Kritiker zwei Jahrhunderte lang jeden Satz in der Bibel auf seinen historischen Gehalt überprüft haben. Dass Jesus keine Wunder vollbracht hat, ist für Sie doch sicher?"

Lüdemann: "Absolut. Jesus hat keine Toten auferweckt, kein Brot vermehrt, und er ist auch nicht übers Wasser gegangen. Er hat lediglich Dämonenaustreibungen vorgenommen und Kranke geheilt."

SPIEGEL: "Wieviel ist denn nach Ihrer Meinung von all dem, was als Jesus-Wort im Neuen Testament steht, 'echt'?"

Lüdemann: "Etwa 15 Prozent ..."

(DER SPIEGEL 8/1996, "Das Credo abschaffen")

Es ist erheiternd zu lesen, wie sich ein SPIEGEL-Redakteur, der nicht an die Bibel glaubt, und ein "moderner" Theologe, der ebenfalls nicht an die Bibel glaubt, gegenseitig die Bälle zuspielen, um ihren Nichtglauben zu bekräftigen. Lüdemanns Aussagen erinnern stark an die Schöpfungswoche: Gott sprach - und es ward. Lüdemann spricht - und es wird. Lüdemann gebietet - und es steht da. Lüdemann forscht - und es ist wahr. Nach diesem Prinzip haben inzwischen unzählige Theologen ihr eigenes Evangelium geschaffen.

Verblüffend ist vor allem Lüdemanns Schlussfolgerung hinsichtlich der Zusammenstellung des Neuen Testaments: "Hätte man damals gewusst, was man heute weiß, so hätte man ein anderes Kriterium wählen müssen ..." Übertragen in unsere Zeit würde das etwa bedeuten, dass man eine Geschichte des Zweiten Weltkriegs aus dem Jahr 4000 unbedingt einer Geschichtsschreibung aus dem Jahr 1980 vorziehen sollte. Aber auch wenn das alles auf den ersten Blick recht amüsant klingt, ist es in Wirklichkeit doch tragisch. Denn durch derartige "Forschungsergebnisse" wrd vielen Menschen der Glaube genommen. Damit werden sie um die göttliche Vergebung und den Himmel gebracht.

Lüdemann hat inzwischen öffentlich erklärt, kein Christ mehr zu sein. An seinem gut dotierten Lehrstuhl als Theologieprofessor hält er allerdings eisern fest. Er möchte gern weiter Theologie (= "Wissenschaft von Gott") lehren.

Der rastlose Kampf des SPIEGEL-Herausgebers Augstein

Auch **Rudolf Augstein**, Gründer und langjähriger Herausgeber des SPIEGEL, versuchte seinen Atheismus mit großer Hingabe unters Volk zu bringen. Nachdem er bereits in den 70er Jahren sein Buch *"Jesus Menschensohn"* veröffentlicht hatte, wiederholte er seine Ansichten noch einmal in einer Titelgeschichte im SPIEGEL 21/1999. Leider unterließ er es dabei, seine damaligen Ausführungen zu aktualisieren.

So gibt sein neuer Artikel etwa den Wissensstand von 1970 wieder. Damals hatte die "moderne Theologie" noch Hochkonjunktur, und Augstein konnte aus dem Vollen schöpfen. Inzwischen sind den "modernen" Theologen allerdings schon viele ihrer erforschten Erkenntnisse zwischen den Fingern zerronnen, und sie mussten einiges revidieren. Dazu haben auch die präzisen Arbeiten bibeltreuer Theologen wie **Gerhard Maier, Klaus Berger, Peter Stuhlmacher, Otto Betz, Martin Hengel, Samuel Külling, Rainer Riesner, Lothar Gassmann, Peter Beyerhaus, Helge Stadelmann** - um nur einige zu nennen - beigetragen.

An Augstein ging diese Entwicklung vorbei. Er orientierte sich auch in seinem neueren Artikel an älteren liberalen und "modernen" Theologen, die ihm natürlich auch die passenden Argumente für seine eigenen Lieblingsideen lieferten. So lesen sich bei Augstein weite Passagen ähnlich kategorisch wie bei Lüdemann. Zum Beispiel hätten die vier Evangelisten "Jesus-Geschichten gesammelt, verändert und erfunden", "aus dem Menschen Jesus die Kunstfigur Christus gemacht", Jesus "Worte in den Mund gelegt" usw.

Einerseits wollte Augstein gern davon ausgehen, dass Jesus nie gelebt hatte, andererseits schien es aber selbst ihm "schwer vorstellbar, dass die Evangelien ganz ohne personalen Anlass hätten entstehen können."

Augsteins Wissen war ähnlich umfassend wie das Lüdemanns: "Weder war Bethlehem der Geburtsort, noch gab es einen Stern von Bethlehem. Weder gab es den Kindermord des Herodes noch die Flucht nach Ägypten; und der superkluge Zwölfjährige ist auch nicht im Tempel aufgetreten." Für Augstein war "klar", dass nicht Bethlehem, sondern "Nazaret die Geburtsstadt Jesu ist." Begann Jesus seinen Dienst mit 30? Augstein: "Das steht so im Lukas-Evangelium; wahrscheinlich aber nur deshalb, weil laut Altem Testament David mit 30 Jahren König wurde und man den angeblichen David-Nachfahren Jesus im selben Alter als Messias auftreten lassen wollte."

Ganze Breitseiten schoss Augstein auch auf den Papst **Johannes Paul** ab, dem er u.a. seine Aussage vorwarf, die Evangelien seien zwar Glaubensdokumente, aber auch als historische Zeugnisse nicht weniger zuverlässig. "Da sind die Hof-Theologen des Papstes um 90 bis 100 Jahre zurück", stellte Augstein fest. Dann folgt jedoch der merkwürdige Satz: "Dass die Evangelisten keine Biographen sind, hat schon 1906 **Albert Schweitzer** in seiner "Geschichte der Leben-Jesu-Forschung" ein für allemal festgestellt." Es lässt sich leicht ausrechnen, um wieviel Jahre dabei Augstein zurück ist.

Nach den Bibelauslegern, die Augstein anführte, hat Jesus nie daran gedacht, "für die Menschheit zu sterben", er hat auch die Bergpredigt "nie gehalten", und es scheint Augstein auch unmöglich, das zu "entwirren", "was die Anhänger des gestorbenen ... Jesus sich zurechtgeglaubt haben." *(Rudolf Augstein, Ein Mensch namens Jesus, DER SPIEGEL 21, 1999).*

Wohlgemerkt, wir haben es in diesen beiden Fällen mit Argumenten eines Theologieprofessors und des Herausgebers des bedeutendsten deutschen Nachrichtenmagazins zu tun - und dürfen somit Argumente von unwiderstehlicher, bestechender Qualität erwarten ...

Für bibeltreue Theologen, zahlreiche Historiker und Archäologen steht die historische Zuverlässigkeit der Bibel außer Frage.

Eine sehr sinnige und passende Bemerkung über die atheistischen Bemühungen des SPIEGEL brachte bereits 1994 die Osterausgabe der *Süddeutschen Zeitung*: "*Das deutsche Aufklärungsmagazin DER SPIEGEL lässt in nimmermüder Kleingeisterei kein Weihnachten aus, ohne zu beweisen, dass Jesus nie geboren wurde, und kein Osterfest ohne den Hinweis auf sein definitives Ableben.*"

Mit großer Ausdauer beweist der SPIEGEL immer wieder das Ableben eines nie Geborenen. Doppelt hält besser.

Was man dem SPIEGEL allerdings nicht vorwerfen kann, ist mangelnde Konsequenz. So wurden in einem neuen SPIEGEL-Sonderheft *"GESCHICHTE: Jesus von Nazareth" (6/2011)* wiederum ausschließlich "moderne" Theologen bemüht. Überraschenderweise kam einmal mehr der typische SPIEGEL-Jesus heraus: eine Art Sozialreformer und Heilungsprediger, ohne jede Spur von Göttlichkeit. So wird es wohl noch eine Weile weitergehen, zumindest bis zum Jüngsten Tag. Der SPIEGEL, das deutsche Nachrichten- und Desinformationsmagazin.

"Moderne" Version der Jungfrauengeburt

Selbstverständlich glauben "moderne" Theokogen nicht an die Jungfrauengeburt. Maria soll ohne Mann zu ihrem Kind gekommen sein? Dafür sind unsere "modernen", aufgeklärten Pastoren, Pfarrer, selbst Bischöfe und Bischöfinnen, zu clever. Mit ihren Zweifeln bekunden sie ihre rationale, coole, lebensnahe, weltoffene Einstellung. Schließlich wissen sie, wie es zu einer Geburt kommt. Natürlich kommt für sie als Vater von Jesus nur Josef infrage.

Das kann man annehmen, solange man die Aussagen der Bibel ausblendet. Sobald man diese aber hinzuzieht, wird es kompliziert. Nur ein Kapitel vor der "Weihnachtsgeschichte", die alle Heiligabende im Gottesdienst gelesen wird, steht nämlich, dass Maria bei der Ankündigung ihrer Schwangerschaft den Engel fragt: *"Wie soll das zugehen, da ich doch von keinem Mann weiß?"* (Lukas 1, 34). Und als Josef merkte, dass Maria schwanger war, ehe er sie "heimholte", wollte er sie verlassen. Erst Gott musste ihm im Traum klarmachen, dass diese Schwangerschaft vom Heiligen Geist war (Matthäus 1, 18-19). Offensichtlich waren auch Maria und Josef schon ein wenig aufgeklärt.

Hinzu kommt Folgendes: *Die Jungfrauengeburt wurde bereits 700 Jahre vorher im AT durch Jesaja prophetisch angekündigt* (Jesaja 7, 14). "Moderne" Theologen machen dort aus der "Jungfrau" einfach eine "junge Frau", und schon ist das Problem gelöst. Aus dem Text bei Jesaja geht jedoch hervor, dass Gott hier ein besonderes *Zeichen* setzen wollte. So setzt er also nach "modernem" Verständnis das ganz außergewöhnliche Zeichen, dass eine "junge Frau" schwanger wird. Ein wahrhaft verblüffendes Zeichen.

Die "modernen" Theologen berufen sich dabei auf den Hebräischtext. Dort stehe das hebräische Wort *"almah"*, und das bedeute "eine junge Frau". Aber wirkliche Hebräischkenner wie der Judaist **Otto Betz** urteilen da ganz anders: *"Das seltene Wort "almah" meint eben nicht die verheiratete junge Frau, sondern das heiratsfähige junge Mädchen, das noch Jungfrau ist...* In der Bibel wird Rebekka so bezeichnet, als sie dem Brautwerber Eliezer begegnet (1. Mose 24, 43), oder die Schwester Moses, als sie ihren kleinen Bruder dem Nil anvertraute. Auch an den wenigen anderen Stellen der Bibel sind junge Mädchen gemeint (Psalm 46, 1; 68, 26; Hohelied 6, 8)."

In allen diesen Stellen wurde "almah" laut und deutlich mit "Jungfrau" übersetzt. Damit dürfte klar sein, dass auch Jesaja eine "Jungfrau" gemeint hat. Richtigerweise haben auch die Übersetzer der Septuaginta "almah" mit dem griechischen Wort *"parthenos"* = Jungfrau übersetzt *(Alexander Schick, Streit um Weihnachten, Ztschr. Factum 9/11, S. 44).*

Wenn "moderne" Pastoren und Pfarrer Josef zum Vater von Jesus erklären, tun sie damit nichts anderes, *als Jesus seine göttliche Herkunft abzusprechen.* Was aber unterscheidet dann Jesus als Sohn von Josef und Maria noch von Günter, dem Sohn von Gustav und Emmi Meier oder von Anton, dem Sohn von Rudi und Amalie Huber? Nichts. Wer dann Jesus anbetet, betet einen normalen Menschen an - das nennt die Bibel Götzendienst. Hier schlägt die "moderne" Theologie mal wieder Purzelbäume. Viele Pastoren und hochangesehene Bischöfe machen da - "leider Gottes" - mit.

Es hilft auch nichts, wenn man sagt, Gott kann auch einen natürlich gezeugten Menschen mit dem Heiligen Geist erfüllen. Das tat er ja bei allen alttestamentlichen Propheten, und das tut er bei jedem Christen. Aber werden wir dadurch zu "Gott"? Nicht, dass ich wüsste. Um *"wahrer Mensch und wahrer Gott"* zu werden, muss jemand auch göttlich gezeugt sein. Das aber trifft nur auf Jesus Christus zu. *Alles, was menschlich gezeugt ist, ist und bleibt Mensch.* Jesus existierte ja auch schon vor seiner menschlichen Geburt in der Ewigkeit (Präexistenz - Johannes 1, 1). Auch deshalb bedurfte es einer *göttlichen Zeugung.*

Um Jesus nun trotz seiner "Nicht-Jungfrauengeburt" doch noch irgendwie zur Göttlichkeit zu verhelfen, suchen die "modernen" Theologen ihr Heil in einer *"Adoption".* Gott habe Jesus bei seiner Taufe im Jordan als seinen Sohn "adoptiert". Frage: Hätte Gott auch Günter Meier oder Anton Huber als Sohn adoptieren können, und wären diese dann zu einem "wahrern Gott und wahren Menschen" geworden?

Es ist durchaus nicht unerheblich, ob jemand an die Jungfrauengeburt glaubt oder nicht. Wer nicht an die Jungfrauengeburt glaubt, pickt sich einfach aus der Bibel das heraus, was seinem allwissenden Verstand genehm ist und was nicht. Schließlich sind Wunder ja Dinge, die wir Menschen nicht bewerkstelligen können.

Ist Jesus auf dem Wasser gewandelt? Narürlich nicht. - Hat er einen Sturm gestillt? Das soll er uns erst mal vormachen. - Hat er 5000 Männer (plus Frauen und Kinder) mit fünf Broten und zwei Fischen genährt? Völlig unglaubwürdig. - Hat er Tote auferweckt? Klingt leicht übertrieben. - Ist er von einer Jungfrau geboren? Das glaubten vielleicht die Primitivlinge im AT, aber doch nicht wir cleveren Leute im 21. Jahrhundert. - *Ist Jesus vom Tod auferstanden?* Nein, ist ja bekanntermaßen menschlich unmöglich.

Das also kommt letztlich bei einer Herauspickerei heraus. Was bleibt von Jesus übrig? Vielleicht ein paar Heilungen und Dämonenaustreibungen. Logischerweise ist dann der gesamte christliche Glaube nur Schall und Rauch, wie es die Bibel selbst bekundet (1. Korinther 15, 14). Gemäß einer Umfrage des evangelischen Theologen **Klaus-Peter Jörns** glauben ca. 30% der deutschen Pfarrer nicht mehr an die Auferstehung *(Ztschr. Ideaspektrum 7/2003, S. 12).*

Während die katholische Kirche noch konsequent an der Jungfrauengeburt festhält, übt sich die evangelische Kirche mal wieder in einem merkwürdigen Spagat: So stellt die EKD (Evangelische Kirche Deutschlands) fest: *"Kann man an die Jungfrauengeburt glauben?* Aus naturwissenschaftlicher Perspektive wohl kaum, doch geht es bei der biblischen Erzählung nicht um ein biblisches Wunder. Die Texte wollen etwas anderes aussagen: dass Jesus ohne menschliche Zeugung geboren wurde" *(Glaubens-ABC der EKD).*

So stellt man sich selbst ein Bein. Der Theologieprofessor **Roland Deines** bemerkt dazu: "Wie soll ich die Jungfrauengeburt theologisch verstehen, wenn sie nicht zugleich auch ein biologisches Wunder ist?" *(Ideaspektrum 51/2011, S. 20).* Wenn bei "modernen" Auffassungen die Logik auf der Strecke bleibt, sollte man irgendwelche Verlautbarungen mit großer Vorsicht genießen.

Wenig Rücksicht gegenüber der Realität

Wo die "Moderne Theologie"das "Gott-ist-tot"-Weltbild vertritt, arbeitet sie mit der "Evolutionsbiologie" Hand in Hand. Damit rennen beide in der westlichen Gesellschaft offene Türen ein, denn Selbstbestimmung und Selbstverwirklichung sind "in". Gott, der dieses Spiel nicht mitmacht, ist "out". Auf Logik und Realität wird dabei wenig Rücksicht genommen.

Unter sachlichen Gesichtspunkten wirken die Bemühungen der Theologen zur Abschaffung Gottes oft absurd. Wissenschaftsgläubigkeit erweist sich als sehr brüchiger Ersatzglaube. Das wird schon an den ständigen Verwerfungen zahlreicher wissenschaftlicher Theorien und Hypothesen deutlich. Doch die "moderne Theologie" verbeugt sich nicht nur vor der Evolutionslehre, die bis heute konkrete Beweise weitgehend schuldig bleibt (darüber später mehr), sondern auch vor dem Zeitgeist, vor anderen Religionen und vor allen möglichen menschlichen Philosophien und Ideologien.

Es sieht so aus, als sei es die größte Sorge "moderner" Theologen, als "modern" angesehen zu werden. Niemand möchte gern als "rückständig", "unwissenschaftlich" oder gar "fundamentalistisch" gelten. Das überlässt man lieber einfachen naiven Christen, die an die Bibel glauben und von den geistigen Höhenflügen der "modernen" Theologen kaum etwas ahnen.

Schlimm ist vor allem, dass viele Theologiestudenten durch die "moderne" Theologie regelrecht zu ungläubigen Pfarrern programmiert werden. Der (gläubige) Theologieprofessor **Klaus Berger** beschreibt, was den Studenten dabei in einem *offiziellen "theologischen" Lehrbuch* zugemutet wird *(Hans Conzelmann/ Andreas Lindemann, Arbeitsbuch zum Neuen Testament)*: "Danach stammen weder das Vaterunser noch die Bergpredigt von Jesus. Weder hat er Abendmahl gefeiert, noch die Kirche gestiftet, noch ist er auferstanden. Weder war das Grab leer, noch ist Jesus vom Heiligen Geist empfangen ... Vielleicht sind 8 Jesusworte echt, vielleicht 15, und das Urteil darüber ist je nach

Professor unterschiedlich." (Ztschr. Ideaspektrum 7/2003. S. 12).

Diese erstaunlichen Neuigkeiten müssen die Studenten lernen, sonst fallen sie durch ihr Examen. Wundert es da, dass die Kirchen in Deutschland leer sind? Wer will sich denn solch ein groteskes Gewurstel anhören? Wieder einmal steht Deutschland an der Spitze des modernen Fortschritts.

Das wirklich Üble daran ist aber, dass von dieser "Theologie" die öffentliche Meinung geprägt wird. Millionen Menschen werden in eine Sicherheit gewiegt, die durch nichts als *theologische Meinungen* begründet ist. Sie werden in einen lähmenden Schlaf versetzt - nicht der "Gerechten", sondern der "Ungerechten". Die Möglichkeit einer Umkehr zu Gott wird ihnen verbaut. Man kann nur hoffen, dass Gott sie aus diesem Schlaf aufweckt, sonst folgt ein böses Erwachen in der Ewigkeit.

Dagegen bietet sich den falschen Propheten, Gurus, Sektenlehrern dank der "Modernen Theologie" ein weites, offenes Erntefeld. Für die Öffentlichkeit und Medien sind Theologieprofessoren nun einmal Fachleute, die es "wissen müssen". Nachdem die Theologen Gott abgeschafft haben, sind die Menschen offen für jedes Angebot, das diese Lücke füllen kann. Esoterik, Okkultismus, Buddhismus-Hinduismus, Islam und Sekten florieren.

Die Bibel gibt für diese Art "moderner" Theologie eine einfache Definition: *"Jeder Geist, der bekennt, dass Jesus Christus in das Fleisch gekommen ist, ist von Gott; jeder Geist, der Jesus nicht bekennt, ist nicht von Gott"* (1. Johannes 4, 2). Theologen, die die Linie Gottes vertreten wollen, müssten also etwas bekennen, das ihren Bestrebungen nach Anerkennung total entgegensteht. Dieser Preis ist vielen zu hoch.

Dank der "Modernen Theologie" gilt die Bibel heute als Märchenbuch, geschrieben von einer Vielzahl unbekannter Autoren, die sich ständig geirrt und widersprochen haben und deren Ausagen gefälscht und geändert wurden. "Gott" schrumpfte auf eine bloße Idee, bis er schließlich von "ganz modernen" Theologen für tot erklärt wurde.

Der Schaden, den die "moderne" Theologie angerichtet hat, ist unermesslich. *Modernismus* und *Evolutionismus* haben die westliche Welt in ein geistliches Vakuum geführt. Millionen, denen die Bibel samt ihren Aussagen als Märchenbuch präsentiert wurde, sind bereits ohne Vergebung gestorben. Millionen andere, die sich von der "modernen" Theologie einlullen lassen, werden folgen.

Die Bibel äußert sich gar nicht sehr erfreulich über Personen, die ihre Aussagen "verdrehen" - ob modern oder unmodern: "Wenn eure Gerechtigkeit nicht besser ist, als die der Schriftgelehrten und Pharisäer, so werdet ihr nicht in das Himmelreich kommen" (Matthäus 5, 20). Schriftgelehrte und Pharisäer waren die damaligen Theologen. Die Bibel scheut nicht einmal davor zurück, von "Verdammnis" zu reden *(2. Petrus 3, 16).*

Acht verschiedene "Goethes" durch Quellenscheidung

Eine weitere Kostprobe für das, was uns mit Hilfe der historisch-kritischen Methode nahegebracht wird, ist die sogenannte *"Quellenscheidungstheorie"*. "Moderne" Theologen versuchen, für die einzelnen biblischen Bücher ihre "echten" Quellen herauszufinden. Dabei setzen sie für zahlreiche Bibeltexte mehrere verschiedene Autoren an, die dann voneinander zu "scheiden" sind.

Nach Meinung historisch-kritischer Theologen stammen z.B. die *fünf Bücher Mose* des Alten Testaments nicht von Mose, sondern von vier ganz verschiedenen Autoren, nämlich von **"J-E-D-P"**. **"J"** steht dabei für "Jahwist" - jemand, der für "Gott" den Namen "Jahwe" benutzte. **"E"** steht für "Elohist" - er gebrauchte statt dessen den Namen "Elohim". **"D"** steht für

"Deuteronomium" = das fünfte Buch Mose. **"P"** steht für "Priesterschrift", weil es darin vorwiegend um priesterliche Angelegenheiten geht.

Dass es im AT zahlreiche unterschiedliche Bezeichnungen für Gott gibt, die im Wechsel gebraucht werden, spielt für die "Quellenscheidung" im Fall Mose keine Rolle. Letztlich wird mit der "Quellenscheidung" zum Ausdruck gebracht, dass Mose offenbar nicht in der Lage war, den Namen Gottes zu wechseln oder über priesterliche Fragen ähnlich kompetent zu berichten wie über historische und prophetische. Lediglich für Gott war Mose kompetent genug.

Gelegentlich wird Mose auch schlankweg unter die Analphabeten eingereiht. Er habe noch gar nicht schreiben können, weil die Schrift erst Jahrhunderte später entwickelt worden sei. Man übersieht dabei geflissentlich, dass Mose 40 Jahre am Hof des Pharaos aufwuchs und die Ägypter durchaus schon schreiben konnten.

Das endgültige Aus für diese Art von theologischer Weisheit erfolgte 1975 mit dem Fund einer ganzen *Tontafel-Bibliothek in Ebla* in Syrien. Archäologen fanden dort 15000 beschriftete Tontafeln, die auf die Zeit 2400 v. Chr. datiert werden konnten. Das war noch vor der Zeit Abrahams - knapp 1000 Jahre vor Mose! Wie geht nun die "moderne" Theologie mit diesen Funden um? Sie werden höflicherweise "übersehen". Das ist innerhalb der "modernen" Theologie nur konsequent - allerdings unter Ausschluss der Realität. Die Autorenschaft von Mose weist überzeugend **Rudolf Möckel** in seinem Buch *"Gottes zuverlässige Urkunde" (Dillenburg 1997)* nach.

Würde man die gleiche historisch-kritische Methode z.B. auf Goethe anwenden, kämen bei ihm etwa acht verschiedene "Goethes" heraus. **Goethe** wechselte Stil, Ausdruckweise, Form, Thematik usw. fast von Buch zu Buch, und zwar sein ganzes Leben lang. Diese acht Goethes würden dann ebenfalls als acht verschiedene Personen erscheinen. Vielleicht unter Kürzeln wie W-E-B-F-E-H-L-ER oder schlicht N-O-N-S-E-N-S-E.

Doch dieses System hat Methode. Auf die gleiche Art wurden auch der Schöpfungsbericht, der Sintflutbericht, das Buch des Propheten Jesaja und fast jeder andere AT- oder NT-Text ebenfalls *verschiedenen erfundenen Autoren* zugeschrieben. Zum Beispiel verteilte man das Buch des Popheten Jesaja auf zwei bis drei verschiedene "Jesajas". Begründung: es gäbe dort unterschiedliche Stilrichtungen. Doch unter den Funden in Qumran fand sich 1948 auch eine vollständige Rolle des Buches Jesaja - 1000 Jahre älter als die bis dahin vorliegenden Texte. Was für eine Überraschung, als diese Rolle aus einem Stück bestand und keine Spur von einem zweiten oder gar dritten "Jesaja" zu entdecken war ...!

Die Eroberung von Jericho

Eine sehr sinnige Methode hat die "moderne Theologie" entdeckt, um auf "vernünftige" Art mit biblischen Wundern umzugehen. Am Beispiel der Eroberung von Jericho sei aufgezeigt, "in welcher Weise Bibelkritik wirklich Hilfe zum Glauben zu bieten vermag" (Zitat aus dem Vorwort des Buches *Eduard Lohse, Bibel, Lutherhausverlag Hannover 1977*).

Die Bibel berichtet, dass die Israeliten bei ihrem Einzug ins verheißene Land aufgrund einer göttlichen Anweisung die Stadt Jericho eroberten. Gott offenbarte Josua, dass die Israeliten sieben Tage lang um Jericho herumziehen und dabei die Posaunen blasen sollten. Am siebten Tag würden die Mauern einfallen und die Stadt könne erobert werden. Genauso geschah es auch. Nach dem biblischen Bericht ein klares Wunder durch übernatürliches göttliches Eingreifen.

Dieses Wunder überstrapaziert natürlich die menschliche Vernunft. Doch die "moderne Theologie" weiß einen Ausweg. Die Israeliten seien nämlich zwischen 1300 und 1200 v. Chr. auf Jericho gestroffen. Zu dieser Zeit sei die Stadt jedoch gemäß historischen Angaben zerstört und unbewohnt gewesen. Die Israeliten eroberten also einen Ruinenhaufen. In ihrer Freude über diese wunderbare Führung Gottes veranstalteten sie eine Prozession mit Posaunenbläsern. Daraus habe sich dann später die Sage von der "Eroberung Jerichos" gebildet.

Eine genial einfache Lösung. Das Wunder löst sich auf ganz "vernünftige" Weise in Wohlgefallen auf, und die Bibel behält wieder einmal "Recht". Auch "vernünftige" Bibelleser können weiterhin an die Bibel glauben.

In die gleiche Kerbe schlugen auch die israelischen Archäologen **Israel Finkelstein** und **Neil Silberman** in ihrem Buch *Keine Posaunen vor Jericho (Beck 2002).* Sie bestreiten den Bibelbericht über Jericho mit einer von ihnen aufgestellten "archäologischen Wahrheit", die im Grunde nichts anderes als die Auffassung der "modernen" Theologie wiedergibt. Auch sie verlegen die Eroberung Kanaans durch die Israeliten in die Zeit 1200 v. Chr. Die biblisch orientierten Archäologen **Uwe Zerbst/Peter van der Veen** weisen jedoch auf die revidierte Chronologie des englischen Ägyptologen **David Rohl** hin, nach der die Israeliten schon 250 Jahre früher aus Ägypten auszogen. Da die Bibel für den Auszug aus Ägypten die Zeit um 1450 v. Chr. angibt (1. Könige 6, 1), stimmen die israelische und ägyptische Chronologie dann genau überein *(Uwe Zerbst/Peter van der Veen, Keine Posaunen vor Jericho.?, Hänssler Holzgerlingen, 2. Auflage 2009).*

Einzig der SPIEGEL griff die Thesen Finkelsteins für einen Anti-Bibel-Artikel begeistert auf *(Dezember 2002).* Er machte daraus einen Rundumschlag gegen alle möglichen Bibelaussagen, u.a. fehlende Nachweise für die Könige des AT's, Kamele, die es zur Zeit Abrahams noch gar nicht gegeben haben soll usw. Sowohl die Könige als auch die Kamele lassen sich allerdings klar nachweisen. Es war dem SPIEGEL-Artikel ohne größere Anstrengung anzumerken, dass sein Hauptziel war, die Bibel unglaubwürdig zu machen.

Bis heute herrscht bei Zeitangaben, die in die Zeit vor das Jahr 1000 v. Chr. zurückgehen, große Unsicherheit. Die säkulare Geschichtswissenschaft orientiert sich an der ägyptischen

Chronologie. **David Rohl** stellte jedoch fest, dass in der ägyptischen Zeittafel auch Neben- und Unterherrscher *nacheinander* aufgeführt werden, die in Wirklichkeit *zur gleichen Zeit parallel* mit einem Pharao regierten. *Dadurch verringert sich die bisher gültige ägyptische Zeittafel um zweieinhalb Jahrhunderte.* Da an der ägyptischen Chronologie alle umliegenden Kulturen "geeicht" wurden, verschiebt sich damit die gesamte historische Zeitskala. Plötzlich stimmt die biblische Chronologie mit der ägyptischen überein. Die Landnahme erfolgte nicht, als Jericho schon ein Ruinenhaufen war, sondern 210 Jahre früher, *ca. 1410 v. Chr.* (nach den 40 Jahren Wüstenwanderung) - genau zu der Zeit, als Jericho zerstört wurde *(David Rohl, Pharaonen und Propheten - das Alte Testament auf dem Prüfstand, Droemer-Knaur München 1996).*

Einmal mehr sieht es so aus, dass der Fehler nicht bei der Bibel, sondern bei den außerbiblischen Quellen liegt. Nicht die biblische, sondern die außerbiblische Chronologie weist offenbar Schwachpunkte auf. Zum Erklären von Wundern à la "moderne Theologie" kann die alte ägyptische Zeittafel wohl nicht länger herangezogen werden..

Die mannigfaltigen "Forschungsergebnisse" der "modernen Theologie" sind inzwischen zu einer solchen Papierflut angewachsen, dass selbst Theologieprofessoren sie nicht mehr zu überblicken vermögen. Das Nachsehen haben die Theologiestudenten, die sich den Kopf mit einem Wust von theologischen Spitzfindigkeiten füllen müssen und keine Zeit mehr haben, das Original - die Bibel - in die Hand zu nehmen.

Da nur "wissenschaftlich" anerkannt wird, wer die historisch-kritische Methode benutzt, ergibt sich eine Zwangslage. Der Wurm steckt im System, nicht in der Ungläubigkeit der Beteiligten. Gewöhnlich sind gläubige Studenten nach 14 Semestern "historisch-kritischer Theologie" von jedem Glauben "befreit". Wer wirklich bibeltreue Theologie studieren will, kann dies im deutschsprachigen Raum nur an einigen *nichtstaatlichen theologischen Hochschulen* tun. Oder aber er besucht eines der zahlreichen evangelikalen oder freikirchlichen *Bibelseminare*, die in der Regel eine bibeltreue Auffassung vertreten (leider auch nicht mehr alle durchgängig).

Können sich auch "moderne" Theologen bekehren?

Bei "modern"geprägten Pfarrern oder Pastoren braucht es oft ein besonderes "Entgegenkommen" Gottes, um die angelehrten Denkblockaden wieder aufzubrechen. Aber auch unter historisch-kritisch geprägten Pfarrern und Professoren gibt es immer wieder solche, die mit einer lebensleeren Theologie nicht zufrieden sind und wirklichen Kontakt mit Gott suchen. Und oft finden sie ihn. Doch selbst wenn sie eine persönliche Begegnung mit Gott erleben und in eine lebendige Beziehung zu ihm treten, fällt es ihnen oft noch schwer, den "modernen" Anteil ihrer Theologie rückhaltlos über Bord zu werfen.

Einer Frau, der das beispielhaft gut gelang, ist die Theologieprofessorin **Eta Linnemann**, zunächst überzeugte Anhängerin der "Entmythologisierungs-Theologie" Bultmanns. Nach jahrzehntelanger Lehrtätigkeit an mehreren Universitäten und zwei Bestsellern zur historisch-kritischen Theologie machte sie eine persönliche Erfahrung mit Gott und bekehrte sich. Daraufhin vollzog sie einen radikalen Schnitt: Sie warf ihre gesamte "moderne" Theologie über Bord, erklärte alle ihre Bücher samt Bestsellern zu "Dreck", warf sie in den Müll und forderte öffentlich auch ihre Leser dazu auf, das Gleiche zu tun.

Offensichtlich eine Frau mit einer besonderen Art von Humor - aber nicht nur Humor, sondern auch Ehrlichkeit, Mut und Entschiedenheit. Wer zieht schon aus einer persönlich erlebten Gotteserfahrung so klare Konsequenzen? Ich empfehle allen Anhängern der historisch-kritischen Theologie, den Bericht Linnemanns und ihre Ausführungen zur historisch-kritischen Methode als höchst informative Lektüre *(Eta Linnemann, Ori-*

ginal oder Fälschung, CLV Bielefeld 1994).

Gott hat diesen Trend zu einer Theologie, die sich in menschlichen Spekulationen verliert, vorhergesehen: *"Denn es wird eine Zeit kommen, da sie die heilsame Lehre nicht ertragen werden; sondern nach ihren eigenen Gelüsten werden sie sich selbst Lehrer aufladen, nach denen ihnen die Ohren jucken, und werden die Ohren von der Wahrheit abwenden und sich den Fabeln zukehren"* (2. Timotheus 4, 3-4).

Diese Worte klingen wie auf die "Moderne Theologie" maßgeschneidert. Schon **Jesus** erfuhr den stärksten Widerstand durch die damaligen Theologen, und er wies sie aufs Schärfste zurecht: "Wehe euch, Schriftgelehrte und Pharisäer, ihr Heuchler, die ihr das Himmelreich zuschließt vor den Menschen! Ihr selbst geht nicht hinein, und die hinein wollen, lasst ihr nicht hineingehen" (Matthäus 23, 13). Es hat sich in 2000 Jahren wenig geändert.

Der Versuch, die Bibel zu "entmythologisieren", scheint nur dann nicht absurd, wenn jemand nicht an einen übernatürlichen Gott glaubt. Wenn aber Gott existiert und tatsächlich **"Gott"** ist, also mehr als unsere menschliche Vernunft sich vorstellen kann, - was für eine Schwierigkeit sollte es ihm dann bereiten, Wasser in Wein zu verwandeln oder Kranke zu heilen? Warum sollte derjenige, der das Universum erschaffen hat, nicht einen Toten wieder zum Leben erwecken können? Und warum sollte es ihm nicht möglich sein, einer Jungfrau ein Kind durch den **Heiligen Geist** zu erwecken (eine künstliche Befruchtung kann inzwischen jeder Frauenarzt vollziehen). Warum sollte Gott nicht ein Buch so zusammenstellen lassen können, wie es seinem Willen entspricht?

Sobald ich mir der Existenz Gottes gewiss bin, löst sich die Frage nach den Wundern von selbst. Bultmann hätte sich seine Entmythologisierungs-Klimmzüge sparen können, wenn er einfach an Gott als "Gott" geglaubt hätte. Möglicherweise hatte er (und viele liberale und moderne Theologen mit ihm) nie die "neue Geburt" erlebt, die Jesus als Voraussetzung für den Eintritt in das Reich Gottes nennt (Johannesevangelium Kap.3, Vers 3). Erst diese Erfahrung macht ja aus einem Menschen einen Christen.

Unter der Voraussetzung, dass Gott existiert, ist daher zu erwarten, dass der gleiche Gott die gleichen Wunder auch heute noch tut. Das geschieht in lebendigen Gemeinden und unter gläubigen Christen immer wieder. Dafür gibt es in der christlichen Literatur eine Fülle von belegten und bezeugten Beispielen.

Selbst im bibelkritischen, nachchristlichen Deutschland kann man in lebendigen Gemeinden immer wieder Heilungen, Befreiungen, Worte der Erkenntnis, der Weissagung usw. erleben. *Auch heute noch geschieht es, dass unheilbar Kranke, von Ärzten aufgegeben, nach Gebet gesund werden.* Es kommt auch heute noch vor, dass auf Röntgenschirmen diagnostizierter Krebs plötzlich nicht mehr auffindbar ist. Alkoholabhängige, Drogenabhängige, selbst Heroinsüchtige, die ihr Leben kompromisslos Jesus unterstellen, werden manchmal von einem Tag zum andern frei von ihrer Sucht *(Wunder und Gotteserfahrungen heute, TPI Hurlach 2011).*

Gott wirkt nach wie vor und ist an seinen Werken und Wirkungen zu erkennen. Jeder, der konkret und ausdauernd zum biblischen Gott betet, erlebt über kurz oder lang auch klare und konkrete Gebetserhörungen. Ohne einen "real existierenden" Gott ist das nur schwer vorstellbar. Viele "moderne" Theologen werden sich im Himmel - oder auch an einem anderen Ort - einmal sehr wundern (Offenbarung 22, 19).

"Am Anfang schuf Gott Himmel und Erde."
(1. Mose 1, 1)

INDIZIENBEWEIS: DIE AUFERSTEHUNG JESU

Mit der Auferstehung von Jesus Christus steht und fällt der christliche Glaube. Wenn Christus nicht auferstanden ist, ist das ganze Christentum ein riesiger Schwindel, die größte Irreführung aller Zeiten. Und Jesus, der seinen Tod und seine Auferstehung mehrmals vorhergesagt hat, wäre der größte Lügner und Betrüger aller Zeiten.

Ist er dagegen auferstanden, bereitet es keine Mühe, an jedes andere seiner Wunder zu glauben, denn ein größeres Wunder, als von den Toten aufzustehen, gibt es nicht. Welche Tatsachen sprechen für die Auferstehung?

Das leere Grab

Hätten die Juden oder Römer die Leiche von Jesus vorzeigen können, wäre die Auferstehungsbotschaft sofort widerlegt gewesen. Niemand hätte noch behaupten können, Jesus sei auferstanden. Es gäbe bis heute kein Christentum. Deshalb auch die römischen Wachsoldaten am Grabe. Aber die Leiche war und blieb verschwunden - trotz der Wachen. Die Hohenpriester verbreiteten darum die Erklärung, die Jünger hätten die Leiche gestohlen (Matthäus 28, 11-15).

Die Jünger predigten jedoch nach dem Pfingstfest, als sie mit dem Heiligen Geist erfüllt wurden, radikal die Auferstehung von Jesus. Für diese Behauptung gingen sie sogar in den Tod. Wären sie bereit gewesen, für eine bewusste Lüge in den Tod zu gehen? Wohl kaum. Für eine Lüge wird niemand zum Märtyrer. Aber auch die Theorie eines Scheintodes von Jesus ist absurd. Wie hätte er sich halbtot von den Leinentüchern befreien und allein den Stein wegrollen können?

Die Erscheinungen von Jesus

40 Tage lang, zwischen Ostern und Himmelfahrt, erschien Jesus zehnmal an ganz verschiedenen Orten verschiedenen Menschen. Einmal wird er von über 500 Augenzeugen gesehen (1. Korinther 15, 6). Halluzinationen geschehen gewöhnlich nicht gegen die Überzeugung der Betroffenen, sondern gehen parallel damit. Die Jünger waren aber völlig ungläubig in Bezug auf die Auferstehung. Niemand glaubte daran. Die Frauen, die die Auferstehungsnachricht überbrachten, stießen bei den Jüngern auf totalen Unglauben. Der Jünger Thomas zweifelte selbst dann noch, als alle anderen Jünger ihm berichteten, dass ihnen Jesus erschienen war. Jesus selbst musste Thomas davon überzeugen, dass er keine Sinnestäuschung war (Lukas 24, 36-43).

Die Wandlung im Leben der Jünger

Nach der Kreuzigung boten die Jünger ein Bild des Jammers. Verwirrt, kraft- und kopflos, enttäuscht und furchtsam, so versteckten sie sich in ihrem Schlupfwinkel. Fünfzig Tage später, am Pfingsttag, erschienen die gleichen Jünger jedoch todesmutig in der Öffentlichkeit und predigten mit großer Kraft und Autorität in unerschütterlicher Gewissheit, dass Jesus von den Toten auferstanden war. Dabei blieben sie bis an ihr Lebensende, selbst als sie deswegen hingerichtet werden sollten. Wie lässt sich diese erstaunliche bleibende Veränderung erklären?

Und wie lässt sich erklären, dass seit 2000 Jahren Menschen in der gleichen Weise total verändert werden, wenn sie ihr Leben unter die Herrschaft von Jesus stellen? Eine Veränderung, die eine völlig neue Lebensausrichtung bewirkt, die sogar bis zu Heilungen und Befreiungen von schweren Süchten, Zwängen und Abhängigkeiten führt?

Alle diese Tatsachen deuten darauf hin, dass sich vor 2000 Jahren etwas ganz Reales, ungeheuer Einschneidendes ereignet hat, das unverändert bis in unsere Zeit wirksam ist.

Der Selbstanspruch von Jesus - Größenwahn oder Wahrheit?

Jesus verstand sich weder als Reformer, Sozialrevolutionär, weiser Morallehrer noch großer Prophet, sondern als Sohn Gottes. Diesen Anspruch hat er mehrmals eindeutig bekräftigt: *"Ich und der Vater sind eins"* (Johannes 10, 30); *"Wer mich gesehen hat, hat den Vater gesehen"* (Johannes 14, 9). Auf die Frage des Hohepriesters, ob er der Messias, der Sohn Gottes, sei, antwortete er: "Du sagst es!" Er wusste, dass er bei dieser Antwort sein eigenes Todesurteil sprach (Matthäus 26, 63-64).

Sind diese Worte falsch, dann ist Jesus weder "die Wahrheit", wie er es von sich selbst behauptete, noch ein bedeutender Mensch, sondern ein großer Lügner. Sein ganzes Leben wäre totale Lüge und Heuchelei gewesen. Wusste er dagegen nicht, was er redete, wäre er ein Verrückter, ein Irrer. Gegen beide Möglichkeiten spricht sein gesamtes Leben - jedes Wort, jeder Schritt, jede Handlung. Stets war er bei klarem Verstand, scharfsinnig und logisch denkend, ausgeglichen und selbstbeherrscht, wahrhaftig und selbstlos bis zum letzten Atemzug. Noch am Kreuz bat er für seine Peiniger: "Vater, vergib ihnen, denn sie wissen nicht, was sie tun."

Wenn Jesus auferstanden ist und seine Worte wahr sind, dann sind auch alle seine Aussagen wahr: über Sünde, Satan, Himmel, Hölle, ewiges Leben, ewiges Verderben, Umkehr und Vergebung. Dann ist es lebenswichtig, sich darüber zu informieren. Jesus verstand jeden dieser Inhalte als Realität.

66

DIE GENAUIGKEIT DES TEXTES

Einer der Haupteinwände gegen die Bibel ist stets, sie sei verfälscht und daher schon von vornherein unzuverlässig. Der ursprüngliche Text sei durch falsche Abschriften, ungenaue Übersetzungen, Irrtümer sowie absichtliche Änderungen, Auslassungen und Hinzufügungen total entstellt worden. Was wir heute in den Händen halten, stecke voller Fälschungen und Fehler.

Dieser Einwand ist vollkommen unzutreffend. Das Gegenteil ist wahr. *Die Bibel ist das bestbelegte historische Dokument überhaupt.* Und die heute vorliegenden Übersetzungen in den großen Verkehrssprachen sind praktisch fehlerfrei und in der ganzen Welt sinngemäß identisch. Es ist überall der gleiche Text, und dieser Text ist mit nahezu 100%iger Sicherheit der unverfälschte Urtext.

Warum können wir unserer Sache heute so sicher sein? Aus mehreren Gründen. Das Alte Testament wurde von Manuskript zu Manuskript mit großer Sorgfalt abgeschrieben. Dieses Abschreiben geschah durch gewissenhafte Schriftgelehrte, zunächst durch die Talmudisten, später (500 - 900 n. Chr.) durch die Masoreten. Es war eine heilige Aufgabe. Oft wurde sogar die Anzahl der Buchstaben gezählt und mit dem Original verglichen. Die Fehler, die sich dabei einschleichen konnten, blieben minimal - gelegentlich ein falsch abgeschriebener oder ausgelassener Buchstabe. Durch Vergleich mit anderen Abschriften konnten Fehler später erkannt und korrigiert werden.

Von der gesamten Bibel, dem AT und NT, liegen mehrere gut erhaltene Handschriften (Kodexe) vor. Alle diese Handschriften stimmen bis auf unwesentliche Abweichungen überein. Diese Minimalabweichungen (z.B. Buchstabenverwechslungen) führten jedoch nie zu entscheidenden Sinnveränderungen.

Bevor 1947 die berühmten *Schriftrollen von Qumran* gefunden wurden, reichten die ältesten alttestamentlichen Handschriften bis ins Jahr 900 nach Chr. zurück. Bis dahin wurde von der "modernen Theologie" häufig der Einwand vorgebracht, bestimmte Prophetien seien erst nach den Ereignissen geschrieben worden und somit gefälscht. So wurde behauptet, die zahlreichen sehr konkreten Vorhersagen des Propheten Jesaja auf das Leben von Jesus seien erst nach seinem Auftreten in das Buch Jesaja hineinmanipuliert worden.

Dieser Einwand ist eigentlich schon gedanklich recht absurd. Jesaja lebte 700 Jahre vor Jesus. 700 Jahre lang wäre also den Juden in den Synagogen das Buch Jesaja ohne Jesus-Prophetien vorgelesen worden, und dann plötzlich nach dessen Kommen mit diesen Prophetien - ohne dass dies jemand aufgefallen wäre. Außerdem gab es von jedem alttestamentlichen Text zahlreiche Übersetzungen in fremde Sprachen. Wer hätte dieses Riesenfälschungsprojekt durchführen sollen?

Aber 1947 erfuhr diese Art von Einwänden eine radikale Widerlegung. Im diesem Jahr wurden in Qumran am Toten Meer die berühmten Qumranrollen und -fragmente alttestamentlicher Texte gefunden. Diese Texte konnten eindeutig der Zeit 200-100

v. Chr. zugeordnet werden. Darunter fand sich auch eine vollständig erhaltene *Jesajarolle* - eine wissenschaftliche Sensation ersten Ranges. Obwohl diese Rolle 1000 Jahre älter ist als alle bis dahin vorliegenden Manuskripte aus dem Jahre 900 n. Chr., stimmt sie mit diesen bis auf winzige Kleinigkeiten überein. Entscheidend ist jedoch: alle auf Jesus hinweisenden Prophetien sind bereits in ihr enthalten!

Das bedeutet, dass die prophetischen Vorhersagen auf das Leben und Sterben von Jesus nachgewiesenermaßen lange vor seiner irdischen Existenz geschrieben wurden.

Von den meisten nichtbiblischen historischen Werken liegen im Allgemeinen nur wenige Manuskripte vor: Von **Julius Cäsars** *Der Gallische Krieg* gibt es nur 10 guterhaltene Manuskripte aus der Zeit 900 Jahre nach Cäsars Tod, von *Geschichte* und *Annalen* des **Tacitus** nur zwei Manuskripte aus der Zeit 1000 Jahre nach seinem Tod usw. Beides sind jedoch allgemein anerkannte geschichtliche Dokumente, an deren Korrektheit und Zuverlässigkeit niemand ernsthaft zweifelt.

Vom Neuen Testament liegen dagegen über 5000 Manuskripte vor, die zum Teil bis in die Zeit 350 n. Chr., Auszüge gar bis 150 n. Chr. zurückreichen. Alle diese Abschriften weichen nur äußerst geringfügig in einem Tausendstel des Textes untereinander ab *(Josh McDowell, Bibel im Test, Hänssler Holzgerlingen, 8. Auflage 2001)*.

Kurioserweise wird jedoch gerade die Korrektheit der am besten dokumentierten Texte mit der größten Manuskriptanzahl - nämlich der Bibel - ständig angezweifelt. Besonders logisch scheint das nicht. Es lässt das unermüdliche Bemühen der "modernen Theologie" zur Demontage der Bibel erkennen.

Noch eine Bemerkung zu den Qumran-Manuskripten: Vor einigen Jahren sorgten Bücher wie *Verschlusssache Jesus* und *Jesus und die Urchristen* für viel Wirbel. Die amerikanischen Autoren behaupteten, es seien wichtige Qumrantexte nicht veröffentlicht worden, aus denen hervorginge, dass Jesus Anführer einer zelotischen Widerstandsbewegung gegen die Römer gewesen sei. Das ist völliger - entschuldigen Sie den Ausdruck - Quatsch.

Es konnte einwandfrei nachgewiesen werden, dass die weit überwiegende Anzahl der Qumran-Texte - auch winzige noch nicht veröffentlichte Fragmente - aus der Zeit 100-200 vor Christus stammen. Sie haben also mit Jesus überhaupt nichts zu tun. In Deutschland wurde mit diesen Büchern, die in "seriösen" Verlagen erschienen, viel Geld verdient. In England wurden sie von der Fachwelt sofort als "wertlos" eingestuft.

Gute, sachliche Information über das Thema "Qumran" bieten die beiden Bücher: *Rainer Riesner/Otto Betz, Jesus, Qumran und der Vatikan, Brunnen Gießen 1992*, und *Alexander Schick, Faszination Qumran, CLV Bielefeld 1998*.

Genauso abwegig geht es auch in **Dan Browns** Bestseller *Sakrileg (The Da Vinci-Code)* zu. Brown verheiratet da Jesus mit Maria Magdalena und lässt sie Kinder zeugen, die jetzt noch irgendwo in der Welt herumirren usw. Er vermischt nachweisbare historische Daten mit abstrus-mysteriösen Spekulationen und verleiht seinem Buch dadurch den Schein von Seriosität. Aber es sind nichts weiter als spannende Phantasien, die leider von gutgläubigen Lesern sogar ernst genommen werden.

Vergleich mit außerbiblischen Quellen

Zur Prüfung der neutestamentlichen Texte bietet sich vor allem der Vergleich mit nichtbiblischen Quellen an. Dazu eignen sich die Schriften der römischen Historiker sowie die Ausgrabungsfunde der Archäologen.

Bei solchen Vergleichen haben sich bisher alle nachprüfbaren Angaben der Bibel geografischer und geschichtlicher Art als korrekt herausgestellt. Die Person Jesus Christus und das Entstehen der christlichen Urgemeinde werden auch bei den römischen Geschichtsschreibern Tacitus, Josephus Flavius, Suetonius, Plinius dem Jüngeren, Lucian und Tertullian erwähnt. Als Beispiel sei hier **Josephus Flavius** zitiert:

"Um diese Zeit lebte Jesus, ein weiser Mensch, wenn man ihn überhaupt einen Menschen nennen darf ... Er war der Christus. Und obgleich ihn Pilatus auf Betreiben der Vornehmsten unseres Volkes zum Kreuzestod verurteilte, wurden doch seine früheren Anhänger ihm nicht untreu. Denn er erschien ihnen am dritten Tag wieder lebend, wie gottgesandte Propheten dies und tausend andere wunderbare Dinge von ihm vorher verkündigt hatten. Und noch bis auf den heutigen Tag besteht das Volk der Christen, die sich nach ihm nennen, fort" *(Literatur: Paul Maier, Hrsg., Josephus - seine Hauptschriften, Hänssler Holzgerlingen 1997).*

Leben und Tod von Jesus Christus sind als Ereignisse in Raum und Zeit somit historisch belegt. Demnach hat Jesus wirklich gelebt und wurde wirklich gekreuzigt.

Jahrzehntelang unterstellte die bibelkritische "moderne" Theologie der Bibel zahlreiche geschichtliche Irrtümer und Legenden: Das Volk der *Hethiter* (von dem einzig die Bibel berichtet) habe nie existiert; ebenso die Stadt *Ninive*, der *Teich Bethesda* in Jerusalem, der babylonische *König Belsazar* usw. Diese Behauptungen ließen sich leicht aufrechterhalten, solange es nur wenige archäologische Ausgrabungen gab. Als dann im 20. Jahrhundert jedoch die große Zeit der Archäologie anbrach, fiel ein "Beweis" der "modernen Theologie" nach dem anderen in sich zusammen.

So entdeckten Archäologen vor wenigen Jahrzehnten in der Türkei die Reste einer gewaltigen Stadt, in der Tafeln gefunden wurden, die sie als Hauptstadt der Hethiter auswiesen. Auch die Mauern der assyrischen Hauptstadt Ninive wurden inzwischen entdeckt, ebenso die Grundmauern des Teiches Bethesda in Jerusalem. Auch der babylonische König **Belsazar** wurde von einer Fabelgestalt zu einer realen Person. Keilschrifttafeln sagten aus, dass sein Vater Nabonid ihn bereits in seinem dritten

Regierungsjahr als Mitregenten eingesetzt hatte, weil er selbst dauernd auf Feldzügen war.

Wie schon ausgeführt, war bisher das größte Problem die Differenz zwischen der ägyptischen und israelischen Geschichtsschreibung. Bestimmte Daten (vor allem der Auszug der Israeliten aus Ägypten) lagen mehrere Jahrhunderte auseinander. Nach der revidierten Chronologie Rohls deckt sich nun die ägyptische Chronologie weitgehend mit der israelischen - ein weiterer Beleg für die historische Zuverlässigkeit der Bibel *(Peter van der Veen/ Uwe Zerbst, Biblische Archäologie am Scheideweg, Hänssler Holzgerlingen 2003).*

Die Fülle der archäologischen Entdeckungen, die die Ortsangaben, Herrscherdynastien und Personennamen der Bibel bisher bestätigten, ist so groß, dass sie hier nicht alle aufgeführt werden können. Bisher haben die archäologischen Funde die biblischen Aussagen bestätigt. Wer sich zu diesem Bereich genau informieren möchte, sei auf zwei Bestseller verwiesen: *Josh McDowell, Die Bibel im Test, Hänssler Holzgerlingen, 8. Auflage. 2001; Werner Keller, Und die Bibel hat doch recht, Rowohlt Hamburg.*

Jesus: "Bis Himmel und Erde vergehen, wird auch nicht der kleinste Buchstabe des Gesetzes vergehen, bevor nicht alles geschehen ist."
(Matthäus 5, 18; E.)

72

FEHLER, IRRTÜMER UND WIDERSPRÜCHE IN DER BIBEL

"Widersprüche", "Fehler" und "Irrtümer" sind eines der Hauptargumente, um die Echtheit und Glaubwürdigkeit der Bibel anzuzweifeln. Denn wenn in einem "von Gott inspirierten" Buch Widersprüche auftauchen, kann etwas nicht stimmen: Entweder muss Gott sich "geirrt" haben, oder das Buch ist nicht "inspiriert".

Für bibelkritisch eingestellte Theologen sind Widersprüche und Fehler daher ein gefundenes Fressen. Doch die meisten Widersprüche existieren gar nicht oder lassen sich leicht lösen. Der Rest ist unerheblich.

Woher nahm Kain seine Frau?

Immer wieder kommt bei Bibelunkundigen zuerst die Frage auf: "Woher nahm Kain seine Frau?" Sie lässt sich von der Bibel her leicht beantworten. Es heißt: ***"Adam zeugte Söhne und Töchter"*** (1. Mose 5, 4). Das waren viele, aber namentlich erwähnt werden nur die drei erstgeborenen Söhne: Abel, Kain und Seth. Als Kain seinen Bruder Abel erschlug, waren beide bereits erwachsene Männer. Ebenso waren auch schon einige ihrer Schwestern erwachsen.

Da Gott "aus einem Menschen das ganze Menschengeschlecht gemacht hat" (Apostelgeschichte 17,26), war es am Beginn der Menschheit unumgänglich, dass die Söhne und Töchter Adams und Evas untereinander heirateten. (Es war auch risikolos, denn es gab noch keine Erbkrankheiten.) Kain heiratete also eine seiner Schwestern und zog ins Land Nod. Es gibt also eine ganz einfache Erklärung.

Die Zahl der Frauen am Grab

Viele Widersprüche sind scheinbarer Art und lassen sich lösen. Andere betreffen nebensächliche Angaben, wie z. B. die Zahl der Frauen am Grab von Jesus am Auferstehungsmorgen: Matthäus nennt zwei Frauen, Markus drei, Lukas drei "und andere", Johannes nur eine. Was bedeutet das? Doch nur, dass die biblischen Autoren ausschnittweise berichten, d. h. gemäß ihrer persönlichen Sicht und Kenntnis, und dass sie unterschiedliche Schwerpunkte setzen. *Es sind Zeugenberichte; jeder Bericht ist aus einer anderen Sicht korrekt.* Derartige unterschiedliche Augenzeugenberichte finden sich bei jedem banalen Verkehrsunfall.

Das Gleiche gilt auch für die Zahl der Engel am Grab. Einmal ist von einem Engel die Rede, der zu den Frauen sprach, ein andermal von zweien. Nirgends wird aber geschrieben, dass nur ein Engel anwesend war. Der zweite Engel wird bei Matthäus und Markus einfach nicht erwähnt.

Es gibt gelegentlich kleine Unstimmigkeiten, wenn eine Zahl oder ein Buchstabe verwechselt wurde. Solche Unstimmigkeiten sind zu erwarten, da uns ja nur Abschriften vom Original vorliegen. Selbst bei äußerst genauem Abschreiben lassen sich Fehler nicht ganz vermeiden. Auf den Sinngehalt der Aussage haben solche minimalen Fehler praktisch keinen Einfluss. Die zentralen Aussagen der Bibel werden davon in keiner Weise berührt.

Der Tod des Judas

Stürzte Judas zu Tode oder erhängte er sich? Nach Matthäus 27, 5 erhängte er sich, nach Apostelgeschichte 1, 18 ist er "entzweigeborsten". Das muss kein Widerspruch sein. Judas kann sich an einem Abhang erhängt haben, wobei der Strick riss und er dann hinabstürzte und "entzweibarst", so dass seine Eingeweide hervortraten..

Die beiden Schöpfungsberichte

Auch die beiden Schöpfungsberichte in 1. Mose 1 und 2 werden von der "modernen" historisch-kritischen Theologie als Widersprüche interpretiert. Dieser Widerspruch ist jedoch (ebenso wie viele andere Interpretationen "moderner" Theologen) stark konstruiert. Von den einfachen Aussagen des biblischen Textes und dem Textzusammenhang her lassen sich die beiden Berichte völlig widerspruchsfrei als einander ergänzende Berichte erkennen. Während der erste aus der *Globalperspektive* einen Überblick über die gesamte Schöpfungswoche gibt, ist der zweite eine *"Nahaufnahme"*, die sich auf die Ereignisse um den Menschen am sechsten Tag im Garten Eden konzentriert. Er ist in diesem Sinne überhaupt kein "Schöpfungs"bericht.

Im ersten Bericht geht es um die Schöpfung als Ganzes, im zweiten lediglich um die besondere Situation des Menschen und die Einzelheiten seiner Erschaffung. *Im ersten Bericht sind Universum und Erde Ort des Geschehens, im zweiten nur der Garten Eden,* in den Gott den Menschen zunächst hineinsetzte. Im ersten geht es um die allgemeine Herrschaft des

Menschen über die ganze Erde und alle Lebewesen, im zweiten um die spezielle Aufgabenstellung im Garten Eden, nämlich diesen zu bebauen. Von einem Widerspruch zwischen zwei "Schöpfungsberichten" kann keine Rede sein.

Beschrieb Mose seinen eigenen Tod?

Im letzten Kapitel des 5. Buches Mose wird der Tod Moses beschrieben. Auch das wird von Kritikern der Bibel als Fehler angekreidet. Mose als Autor der 5 Bücher Mose hätte seinen eigenen Tod geschildert.

Die Erklärung, dass dieses Kapitel ein Nachsatz ist, den ein anderer (wahrscheinlich Josua, der Diener und Nachfolger Moses), den Büchern Moses angefügt hat, liegt auf der Hand. Mose war eine ganz außergewöhnliche, von Gott auserwählte Persönlichkeit. Aus Respekt und Ehrfurcht vor Mose hat Josua dann die Bücher Moses mit der Beschreibung von Moses Tod abgeschlossen.

Die beiden Stammbäume von Jesus

Oft tauchen Fragen wegen der beiden unterschiedlichen Stammbäume von Jesus im Matthäus- und Lukasevangelium auf. Bei **Matthäus** wird jedoch die Linie seines "gesetzmäßigen" Adoptivvaters Josef zurückverfolgt, während **Lukas** die blutsmäßige Linie von Jesus über seine Mutter Maria aufzeigt. Bei Matthäus wird Jakob als Vater Josefs genannt. Josef selbst wird dagegen nicht als der Vater von Jesus, sondern ausdrücklich nur als *"der Mann der Maria"* aufgeführt (Matthäus 1, 16).

Unklarheit entsteht, weil Josef bei Lukas als "Sohn Elis" bezeichnet wird, obwohl er ja gemäß Matthäus der Sohn Jakobs war. Er war nur der Schwiegersohn Elis (Lukas 3, 23). Da aber in Israel Frauen nicht als tragende Glieder im Stammbaum genannt werden, taucht hier statt Maria ihr Mann Josef auf, obwohl die Linie Marias zurückverfolgt wird. Deutlich wird aber auch hier darauf hingewiesen, dass Jesus lediglich *"für einen Sohn Josefs gehalten"* wurde.

Nach beiden Stammbäumen stammt Jesus jedoch aus der Linie Davids und aus dem Stamme Juda. Genauso war es von den alttestamentlichen Propheten vorhergesagt worden (darüber mehr im Kapitel "Prophetie").

Von wo stieg Jesus in den Himmel auf?

Es gibt zwei Berichte von der Himmelfahrt Jesu. Einmal ist vom Ölberg die Rede (Apostelgeschichte 1, 12), das andere Mal von Bethanien: "Er führte sie aber hinaus bis nach Bethanien ... und als er sie segnete, schied er von ihnen und fuhr auf gen Himmel" (Lukas 24, 50-51). Das Merkwürdige ist, dass beide Berichte von Lukas stammen.

Wie lässt sich dieser Widerspruch erklären? Recht einfach: der Ölberg liegt auf dem Weg nach Bethanien. Etliche Bibelübersetzungen übersetzen hier: "Dann führte er sie in die Nähe von Bethanien" (Einheitsübersetzung, Menge, Schlachter). Mit dieser Übersetzung löst sich der Widerspruch auf.

Die Söhne Absaloms

Im 2. Buch Samuel findet sich innerhalb von nur vier Kapiteln ein unübersehbarer Widerspruch in Bezug auf Absalom, einen der Söhne Davids: "Und Absalom wurden drei Söhne geboren und eine Tochter ..." (2. Samuel 14, 27). Nur wenig später heißt es: "Absalom hatte sich eine Säule aufgestellt, als er noch lebte; die steht im Königsgrund. Denn er sprach: Ich habe keinen Sohn, der meinen Namen lebendig erhält" (2. Samuel, 18, 18).

Wie **Michael Burger** auf seiner Internetseite *"Theismus.de"/* *"Das Lexikon der biblischen Irrtümer"* hierzu richtig bemerkt, handelt es sich bei der zweiten Aussage um einen Rückblick - und zwar bis in die Zeit, als Absalom noch keine Kinder hatte. Die Kinder wurden ihm erst nach dem Aufstellen der Säule geboren. Burger widerlegt auf seiner Internetseite zahlreiche weitere bibelkritische Einwände. Die Seite ist überaus sachlich geschrieben und höchst informativ *(www.Theismus.de).*

Wer erschlug Goliat?

Keine Frage, wird jeder denken, natürlich David. Dies ist einer der bekanntesten Bibelberichte. Der genaue Hergang wird im 1. Buch Samuel 17, 42-51 geschildert. Doch dann taucht im 2. Buch Samuel 21, 19 plötzlich eine andere Version auf: "Da erschlug Elhanan, der Sohn Jairs aus Bethlehem, den Goliat, den Gathiter ..." War es nun David oder Elhanan?

Klärung bringt eine Parallelstelle aus dem Buch 1. Chronik 20, 5. Dort steht "Da erschlug Elhanan, der Sohn Jairs, den Lachmi, den Bruder Goliats, den Gathiter ..." Wo liegt das Missverständnis?

Gleason Archer, amerikanischer Bibel- und Hebräisch-professor, der sich vorzugsweise mit solchen schwierigen Bibel-stellen befasste, zeigte auf, dass hier einer der wenigen Ab-schreibfehler vorliegt. Der Abschreiber verwechselte einige der winzigen Pünktchen oder Striche des hebräischen Textes, so dass aus "den Lachmi, den Bruder" die Worte "aus Bethlehem" wurden *(Gleason Archer, Encyclopedia of Bible Difficulties, Regency Grand Rapids 1982, S. 178-179).*

Es war also eindeutig David.

Unter den Personengruppen, die die Bibel in ihre Bestandtei-le auflösen wollen, sind ja nicht nur die "modernen" Theologen, sondern auch echte, bekennende *Atheisten*. Ihre Einwände sind noch einmal eine Nummer schwergewichtiger und radikaler, entbehren allerdings oft der Überzeugungskraft. Das liegt daran, dass Atheisten gewöhnlich nicht die Bibel in ihrer Ganzheit kennen, sondern sich gezielt nur vermeintliche Widersprüche, Fehler und Irrtümer herauspicken. Dazu nachfolgend einige Beispiele.

Besonders hervor tut sich in dieser Hinsicht **Walter-Jörg Langbein**, der ein ganzes *"Lexikon der biblischen Irrtümer"* zusammengetragen hat. Langbein glaubt nicht an Gott, dafür aber an Aliens und Außerirdische. Er hält dies offensichtlich für rationaler.

Wer reizte David zur Volkszählung?

Im AT finden sich zwei unterschiedliche Berichte über eine Volkszählung Davids:

"Und der Zorn des Herrn entbrannte abermals gegen Israel, und er reizte David gegen das Volk und sprach: Geh hin, zähle Israel und Juda!" (2. Samuel 24, 1).

"Und der Satan stellte sich gegen Israel und reizte David, dass er Israel zählen ließe" (1. Chronik 21, 1).

Gott oder Satan? Ein klarer Widerspruch - der sich allerdings leicht auflösen lässt. David war infolge seiner vielen Siege dabei, überheblich zu werden, und Gott prüfte ihn mit dem Wunsch zu wissen, wie groß denn seine Macht sei. Er ließ es zu, dass Satan ihn mit einer Volkszählung versuchen konnte. Die Prüfung kam von Gott, das Instrument war Satan. Ohne die Zulassung Gottes hätte Satan nichts machen können.

Es ist so ähnlich wie bei Hiob, wo Gott es Satan erst zulassen musste, dass er Hiob versuchen durfte. Solche Versuchungen erlebt jeder Christ. Die Prüfungen kommen von Gott, aber Satan ist derjenige, der immer darauf wartet, dass Gott kurzfristig seine schützende Hand von einem Christen zurückzieht, um diesen dann versuchen zu können.

Das Kommen des Reiches Gottes

Im NT findet sich eine Vorhersage von Jesus an seine Jünger, die von Langbein als Fehler angeführt wird: "Wahrlich ich sage euch: Einige von denen, die hier stehen, werden den Tod nicht schmecken, bis sie das Reich Gottes sehen" (Lukas 9, 27). Diese Vorhersage findet sich sogar in allen vier Evangelien. Ist die Erfüllung ausgeblieben? Keineswegs. In allen vier Evangelien steht dieses Wort an die Jünger unmittelbar vor der nachfolgenden *Verklärung von Jesus auf dem Berg Tabor*. Die Kleider von Jesus wurden dort gleißend weiß, es erschienen ihnen Mose und Elia, und aus einer Wolke sprach Gott.

Die dabei waren und das sahen, waren Petrus, Johannes und Jakobus. Sie erhielten einen, wenn auch kurzen, Einblick in das Reich Gottes.

Die Naherwartung des Endes

Verschiedentlich finden sich im NT Worte wie: "Der Herr ist nahe" (Philipper 4, 5) oder "Siehe, ich komme bald" (Offenbarung 3, 11) oder "Es ist aber nahe gekommen das Ende aller Dinge" (1. Petrus 4, 7). Derartige Aussagen werden von den Atheisten als klare Fehler bewertet, da die Bibel offenkundig ein baldiges Ende der Welt und die Wiederkunft von Jesus ankündigt, beides aber bis heute ausgeblieben ist.

Kündigt aber die Bibel wirklich ein baldiges Ende an? Im "Endzeitkapitel" Matthäus 24 ist jedenfalls von ganz anderen Zeiträumen die Rede. Dort geht es um weltweite Erschütterungen, die wie Geburtswehen immer mehr an Umfang und Stärke zunehmen. Vor dem Ende soll sogar das Evangelium in der ganzen Welt verkündigt werden: "Es wird gepredigt werden das Evangelium vom Reich in der ganzen Welt ... und dann wird das Ende kommen" (Matthäus 24, 14).

Mit einer "Naherwartung" kann man diese (und zahlreiche andere) Aussagen kaum vereinbaren.

Davids Thron in Ewigkeit

Langbein zitiert in seinem *Lexikon der biblischen Irrtümer* ein Wort aus den Psalmen, in dem König Davids Geschlecht eine ewige Herrschaft verheißen wird: ***"Ich will deinem Geschlecht festen Grund geben auf ewig und deinen Thron bauen für und für"*** (Psalm 89, 5).

Langbein bemerkt richtig, dass die Linie Davids schon nach einigen Jahrhunderten abriss. Doch er übersieht, dass diese Prophetie auch eine messianische Dimension hat. Jesus stammte sowohl nach der Linie seines gesetzmäßigen Vaters Josef als auch der blutsmäßigen seiner Mutter Maria aus dem Geschlecht Davids. So sitzt also heute Jesus Christus aus dem Geschlecht Davids auf dem angekündigten ewigen Thron.

Damaskus ein Steinhaufen

Anstoß erregt auch eine Prophetie über Damaskus: "Siehe, Damaskus wird keine Stadt mehr sein, sondern ein zerfallener Steinhaufen; seine Städte werden zerfallen sein für immer ..." (Jesaja 17, 1-3). Damaskus existiert noch heute als blühende Stadt, also ist diese Prophetie falsch.

Der Fehler liegt an den beiden Wörtern "für immer" in der Lutherübersetzung. Dies ist einer der wenigen Fälle, wo verschiedene Übersetzungen nicht sinngemäß übereinstimmen. In der Elberfelder und in der Einheitsübersetzung heißt es jeweils: "Damaskus hört auf, eine Stadt zu sein; es wird ein Trümmerhaufen". "Für immer" entfällt. Die Geschichte von Damaskus zeigt, dass die Stadt sowohl von den Assyrern als auch von den Babyloniern erheblich zerstört und zu einem Trümmerhaufen gemacht wurde. Sie wurde allerdings im Laufe der Jahrhunderte wieder aufgebaut. So löst sich auch diese "Fehlvorhersage".

Paradefehler "Senfkorn"

In fast allen bibelkritischen Äuflistungen wird mit Vorliebe das Gleichnis von Jesus über das Senfkorn angeführt: "Das Himmelreich gleicht einem Senfkorn, das ein Mensch nahm und auf seinen Acker säte; das ist das kleinste unter allen Samenkörnern; wenn es aber gewachsen ist, so ist es größer als alle Kräuter und wird ein Baum ..." (Matthäus 13, 31-32). Bei Markus steht sogar "das kleinste Samenkorn auf Erden".

Triumphierend stellt Langbein hierzu fest: "Das Senfkorn ist nicht das kleinste, ... es gibt kleinere, wie die von Orchideen. Das Senfkorn wird keineswegs so groß, dass es alle Pflanzen überragt. Manche Arten werden zwar bis zu 3,30 m groß ... Jesus hat sich geirrt ... Jesu Aussagen über Senf sind falsch" (www.bibelzitate.de).

Auch hier gibt wieder ein Blick in andere Übersetzungen Aufschluss: Markus 4, 31: "Wie ein Senfkorn, das, wenn es in die Erde gesät wird, kleiner ist als alle Samen, die auf der Erde sind ..." (Elberfelder Übersetzung); "...wenn es in die Erde gesät wird, kleiner ist als alle Samenarten auf Erden ..." (Zürcher Übersetzung).

Es geht hier also um Samen, *die von Menschen in die Erde gesät werden* - also um Gartensamen und Feldpflanzen. Jesus trifft hier keine absolute Aussage im naturwissenschaftlichen Sinn, sondern zieht einen anschaulichen Vergleich aus dem Alltagsleben der Menschen. Außerdem ist die korrekte Übersetzung "kleiner", nicht "das kleinste". *"Klein wie ein Senfkorn"* war ein geflügeltes Wort in Israel. Und dass eine der Senfarten zu den größten Gartenpflanzen ("Kräutern") heranwächst, bestätigt ja Langbein selbst. Jesus ging es auch hier, wie bei allen seinen Gleichnissen, um ein kurzes, prägnantes, anschauliches und leicht verständliches Bild *(Charles Ryrie, Irrtum ausgeschlossen, CV Dillenburg 1996, S. 89)*.

Rechenfehler bei Esra

Im Buch Esra werden die Schätze aufgezählt, die die Israeliten bei ihrer Rückkehr aus Babylon nach Jerusalem mitnehmen sollten: "30 goldene Becken, 1929 silberne Becken, 30 goldene Becher und 410 silberne Becher und 1000 andere Geräte. Alle Geräte, goldene und silberne, waren 5400" (Esra 1, 9-11).

Dazu der Hinweis von Langbein: "Allerdings lautet die korrekte Addition: 2499!" *(Das Lexikon der biblischen Irrtümer).*

Ein peinlicher Rechenfehler, oder? **Michael Burger** weist auf seiner Internetseite darauf hin, dass auch die vorhergehenden Verse betrachtet werden müssen:

"Und alle, die um sie her wohnten, halfen ihnen mit allem, mit Silber und Gold, mit Gut und Vieh und Kleinoden, außer dem, was sie freiwillig gaben" (Esra 1, 6).

Burger führt aus: "Es werden also nicht nur die verbliebenen 2499 Tempelgeräte des alten Schatzes mitgeschickt, sondern auch die zusätzlichen Gaben ... Die Tempelgeräte zusammen mit den Spenden der Juden ergeben gemeinsam die Summe von 5400 Einzelstücken" *(www.Theismus.de).*

Bei genauerem Hinsehen entschwindet der Rechenfehler.

12 Jünger nach der Auferstehung?

Auf den ersten Blick wirken viele Einwände ganz plausibel, auf den zweiten aber oft schon nicht mehr. So auch folgender Einwand:

"Nach Jesu Auferstehung soll er zunächst von Kephas und dann von den 12 Jüngern gesehen worden sein. Das kann aber nicht sein. Zu diesem Zeitpunkt hatte sich Judas bereits erhängt" *(Johannes Lehner, Das Kreuz mit der Bibel).*

Schaut man sich die Stelle im Original an, heißt es da: "... dass er gesehen worden ist von Kephas, danach von den ***Zwölfen***" (1. Korinther 15, 5). Es heißt nicht, er wurde von den 12 Jüngern gesehen, sondern von den "Zwölfen". Die "Zwölfe" waren aber ein feststehendcr Begriff für die Jünger von Jesus. Er wurde also von den "Jüngern" gesehen.

Die Auferstehung der Toten

Gleiches gilt für folgenden Einwand. **Johannes Lehner** führt aus: "Weiter sagte Jesus zu seinen Jüngern (Matthäus 22, 31): Habt ihr nicht gelesen von der Auferstehung der Toten, was euch gesagt ist von Gott, der da spricht (2. Mose 3, 6). Dieser Vers von Mose existiert zwar, aber er sagt mit keinem Wort etwas von der Auferstehung der Toten" *(Johannes Lehner, Das Kreuz mit der Bibel).*

Schaut man auch den folgenden Vers 32 bei Matthäus an, erfährt man sofort, was Gott in 2. Mose 3, 6 gesprochen hat: "Ich bin der Gott Abrahams und der Gott Isaaks und der Gott Jakobs." Und Jesus fügt bei Matthäus hinzu: ***"Gott ist nicht ein Gott der Toten, sondern der Lebenden."***

Jesus bezeichnet also Abraham, Isaak und Jakob als "Lebende". Seine Worte waren an die Sadduzäer gerichtet, die damaligen Atheisten, also die alttestamentlichen Kollegen von Lehner. Lehners konstruierter Einwand, bei dem er einfach den entscheidenden Vers weglässt, zeigt, dass dieses Gleichnis von Jesus auch heute noch seine Zielgruppe findet.

Viele der zahlreichen weiteren "Widersprüche", "Fehler" und "Irrtümer" bei Langbein und Lehner und auf den bibelkritischen Internetseiten muten hergesucht und konstruiert an. Manchmal wird wohl auch etwas gewollt "missverstanden". Wie schon erwähnt, gibt es tatsächlich einige Abschreibfehler (einzelne Buchstaben oder Zahlen) in der Bibel, was bei einem Jahrtausende alten Buch nicht überraschen dürfte. Überraschen sollte vielmehr, dass ein solches Buch in allen wesentlichen, entscheidenden Aussagen von überwältigender Präzision und Einheit ist.

Hinsichtlich dieser Tatsache sind die Einwände der Bibelkritiker oft einfach nur kleinlich und haarspalterisch.

DIE BIBEL UND DIE NATURWISSENSCHAFT

Mit dem Aufkommen des mechanistischen "Weltbildes der Neuzeit" galt das biblische Weltbild als überholt. "Mechanistisch" heißt, alles spielt sich rein mechanisch nach den Naturgesetzen ab. Die Naturgesetze werden dabei als absolut gültig, unveränderlich und objektiv berechenbar angesehen. Sie treten sozusagen an die Stelle Gottes. Gott hat in diesem Weltbild keine Funktion mehr, denn alles ist ja durch die Naturgesetze vorgegeben.

Alles soll sich *rein mechanisch* nach Ursache und Wirkung regeln. Auf eine bestimmte Ursache erfolgt eine bestimmte Wirkung. Grundlage dieser Auffassung ist natürlich eine materialistische bzw. naturalistische Weltanschauung. Die Naturgesetze werden einfach als gegeben angesetzt. Die Frage, woher eigentlich die Naturgesetze kommen und ob nicht auch sie eine "Ursache" benötigen, wird ausgeblendet.

Wunder gibt es im mechanistischen Weltbild nicht, denn

alles funktioniert ja nach "Ursache" und "Wirkung" und ist irgendwie "berechenbar". Das ging so lange gut, bis die deutschen Physiker **Max Planck** und **Werner Heisenberg** die Quantenmechanik entdeckten. Sie erkannten, dass die Elektronen im Atom sich völlig unberechenbar verhalten. Sie verhalten sich keineswegs nach "Ursache und Wirkung", sondern unternehmen spontane, nicht vorherbestimmbare "Quantensprünge". Das heißt, das Gesetz von "Ursache und Wirkung" gilt nicht durchgängig und allumfassend. Es ist keineswegs alles "berechenbar". Die Welt funktioniert *nicht* mechanistisch.

Damit ist wieder alles offen. *In der Naturwissenschaft sind Wunder grundsätzlich wieder möglich.* Selbst Gott muss nicht mehr von vornherein aus dem heutigen naturwissenschaftlichen Weltbild ausgeschlossen sein.

In der Praxis sieht das allerdings recht unterschiedlich aus. Auch Naturwissenschaftler werden ja von ihrer persönlichen Weltanschauung geprägt. Und wenn in dieser Weltanschauung "Gott" nicht existiert, schließen Naturwissenschaftler diese Möglichkeit auch für ihre wissenschaftliche Arbeit aus. Sie gehen dann also weiterhin von der Nichtexistenz Gottes aus - besonders natürlich, wenn dies ihren wissenschaftlichen Hypothesen förderlich ist. Dies trifft besonders auf Evolutionsbiologen zu.

Diese stehen damit nicht allein, denn genauso halten es auch die "modernen" Theologen. Für sie existiert oft sogar noch das "mechanistische Weltbild". Denn auf diesem Weltbild beruhen ja die "liberale" und "moderne" Theologie und besonders die "Theologie nach dem Tode Gottes". Auf dieser Grundlage wurden ja konsequent alle Wunder aus der Bibel herausgestrichen und alle möglichen imaginären Autoren in die Bibel hineinversetzt ("Quellenscheidung"). Ohne dieses Weltbild wäre eine solche Theologie schlicht unmöglich. Kein Wunder, dass man zäh daran festhält.

Die Bibel vertritt ein nichtmechanistisches Weltbild. Sie vertritt keineswegs das naiv-mittelalterliche Weltbild der drei Stockwerke Himmel/Erde/Hölle, das ihr immer unterstellt wird. *Sie spricht von einer sichtbaren materiellen und einer unsichtbaren nichtmateriellen Wirklichkeit, die sich gegenseitig durchdringen* (2. Korinther 4, 18; Kolosser 1, 16). Ihr Weltbild geht also über den materiellen Bereich hinaus; es bezieht den transzendenten Bereich mit ein. Das Weltbild der Bibel ist mehrdimensional. Es entspricht damit der heutigen Erkenntnis über die Realität nichtmaterieller geistiger Wirkungskräfte.

Von den höchst seltsamen "Weltbildern" der Kulturen zur Zeit des AT findet sich nichts in der Bibel: Weder wird die Erde als "von Elefanten getragene Scheibe" noch als der "Mittelpunkt der Welt" bezeichnet.

Vielmehr finden sich Aussagen, die sehr modern anmuten: "Er (Gott) breitet den Norden aus über der Leere und hängt die Erde an nichts" (Hiob 26, 7); "Er ist es, der über dem Kreis (bzw. der Kugel) der Erde sitzt ... " (Jesaja 40, 22). Das sind Hinweise auf den luftleeren Weltraum, die Kugelgestalt der Erde und ihr freies Schweben im All.

Bisher galt z.B. auch folgende Aussage der Bibel als massiver Beweis ihrer Unglaubwürdigkeit: "Es wird aber der Tag des Herrn kommen wie ein Dieb, an welchem die Himmel mit Krachen vergehen; die Elemente aber werden vor Hitze schmelzen und die Erde und die Werke darauf verbrennen" (2. Petrus 3, 10). Das schien bis 1945 unrealistische "Bibelphantasie". Heute im Zeitalter der Nuklearkräfte gehört diese Prophetie zu den realen Möglichkeiten, mit denen wir leben.

Oft war die Bibel der Wissenschaft voraus

Ein anderer merkwürdiger Zufall: Gott ordnete an, alle Knaben am achten Tag nach der Geburt zu beschneiden. Erst vor wenigen Jahrzehnten entdeckten Wissenschaftler, dass die Gerinnungsfähigkeit des Blutes gerade am achten Lebenstag so hoch ist wie nie vorher und nie wieder nachher im Leben. Ist es reiner Zufall, dass Mose vor 3500 Jahren von Gott angewiesen wurde, gerade diesen Tag zur Beschneidung anzusetzen?

Unglaublich fortschrittlich und auf dem neusten Stand wissenschaftlicher Erkenntnisse waren auch die *Hygienevorschriften*, die Mose den Israeliten gab. Die Israeliten durften keine Tierkadaver anrühren. Die Innereien der Opfertiere mussten verbrannt werden. Den Israeliten war geboten, ihre Notdurft in der Wüste außerhalb des Lagers zu verrichten und mit kleinen Schaufeln zu vergraben. Aussätzige waren "unrein" und mussten einen Abstand zu Gesunden halten. Wer sich in irgendeiner Weise verunreinigt hatte (z.B. durch Berührung eines toten Tieres oder Menschen), musste sich in fließendem Wasser waschen. Verunreinigte Kleider oder Gegenstände mussten verbrannt werden.

Wir erkennen darin heute mit unserem Wissen höchst umsichtige und wirksame Hygiene- und Quarantänevorschriften. Den Menschen damals war aber das Vorhandensein von Bakterien noch völlig unbekannt. Sie wussten nichts von der Übertragungsgefahr von Infektionskrankheiten. So starben im Mittelalter in Europa Millionen Menschen an der Pest, weil sie nicht einmal die einfachsten Vorsichtsmaßnahmen wie Vermeidung von Kontakten, Händewaschen usw. einhielten.

Noch Mitte des 19. Jahrhunderts starben in den Wiener Krankenhäusern ein Viertel der Mütter an Kindbettfieber, weil die Ärzte direkt nach der Leichenschau und ohne ihre Hände zu waschen als Geburtshelfer agierten. Als der Arzt **Ignaz Semmelweis** sie bat, vorher ihre Hände zu waschen, wurde er verspottet und lächerlich gemacht. Noch jahrelang starben zahlreiche Mütter weiterhin an Kindbettfieber, ehe sich die Semmelweis'sche Erkenntnis durchsetzte *(S. McMillen, Vermeidbare Krankheiten, Aussaat Neukirchen-Vluyn 1980).*

Mose hatte bereits 3500 Jahre vorher den Israeliten die

richtigen Hygienemaßnahmen aufgetragen. *Die Wissenschaft erreichte diesen Stand des Wissens erst im 19. Jahrhundert.* Woher hatte Mose sein Wissen?

Die Bibel sagt, dass Gott ihm diese Vorschriften am Berg Sinai offenbart habe. Dazu gehörten die Zehn Gebote und alle sozialen, rechtlichen und hygienischen Vorschriften für das Zusammenleben des Volkes Israel.

Der "Sündenfall" und seine Folgen

Als das erste Menschenpaar **Adam** und **Eva** das einzige Gebot übertrat, das Gott ihm gegeben hatte, nämlich nicht vom "Baum der Erkenntnis des Guten und Bösen" zu essen ("Sündenfall"), sprach Gott eine Strafe gegen sie aus. Gegen Eva: "Ich will dir viel Mühsal schaffen, wenn du schwanger wirst; *unter Schmerzen sollst du Kinder gebären."* Gegen Adam: "Verflucht sei der Acker um deinetwillen ... Dornen und Disteln soll er dir tragen ... *im Schweiße deines Angesichts sollst du dein Brot essen ..."* (1. Mose 3, 16-19).

Diese Flüche liegen bis heute auf dem Menschen. Während Tiere in der Regel schmerzfrei und komplikationslos gebären, geht die Geburt beim Menschen fast immer mit großen Schmerzen einher. Warum ist das nur beim Menschen der Fall? Mit der Evolutionstheorie lässt sich diese Merkwürdigkeit jedenfalls nicht erklären.

Beispiele aus der Tierwelt

Im 3. Buch Mose 11,6 wird der *Hase als Wiederkäuer* bezeichnet. Dies war jahrhundertelang ein Paradebeispiel für eine biblische Falschmeldung. Doch seit 1882 ist unter Biologen bekannt, dass der Hase bestimmte weiche, grüne Kotkügelchen sofort erneut schluckt, wenn er sie ausgeschieden hat - es sind

Vitaminkonzentrate. Weil er das vor allem nachts tut, blieb es der Wissenschaft jahrtausendelang verborgen. Aber die Bibel ordnete den Hasen schon vor 3500 Jahren unter die Wiederkäuer ein. Er ist kein *rinderartiger* Wiederkäuer, aber er kaut wieder *(Reinhard Junker, Wort+Wissen Baiersbronn, Diskussionsbeiträge 1/95).*

Ein bestechendes Beispiel von lauter "Nichtzufälligkeiten" beschreiben Gitt/Vanheiden. Es betrifft das Leben des Goldregenpfeifers.

Der *Goldregenpfeifer* wird in Alaska geboren und fliegt im Herbst zur Überwinterung nach Hawaii. Die Eltern gehen Wochen vor den Jungen auf die Reise. Niemand sagt den Jungen, dass und wohin sie fliegen müssen. Sie fressen sich zunächst ein Übergewicht von 70 g an, das ist ihr Brennstoffvorrat. Dann fliegen sie los - ins Ungewisse. Von Alaska bis Hawaii sind es 4500 km. Es gibt keine Insel unterwegs. Die Goldregenpfeifer können nicht schwimmen. *Es ist ein Nonstop-Flug von drei Tagen und vier Nächten.* Oft gibt es Nebel, Wolken oder Sturm. Sie fliegen mit einer genau eingehaltenen Geschwindigkeit von 51 km/h. Würden sie langsamer oder schneller fliegen, würden sie zuviel Energie verbrauchen und vor Hawaii ins Meer stürzen. Aber auch so können sie die Strecke nur schaffen, weil sie in Keilform fliegen. Mit nur wenigen Gramm Restbrennstoff - für den Fall von Gegenwind - erreichen sie schließlich nach 88 Stunden in der Luft Hawaii *(Werner Gitt/Karl-Heinz Vanheiden, Wenn Tiere reden könnten, CLV Bielefeld, 16. Auflage 2009).*

Kommen die Regenpfeiferjungen per Zufall auf die Idee, sich 70 g Fettreserve anzufuttern und dann loszufliegen? Woher wissen sie, dass es in 4500 km Entfernung eine Insel gibt und wo die liegt? *Ist es Zufall, dass sie genau auf Kurs bleiben, obwohl sie die Strecke noch nie geflogen sind?* Ist es Zufall, dass sie genau mit wenigen Restgramm Kalorien Hawaii erreichen? Haben irgendwann vor grauer Vorzeit einmal die ersten Goldregenpfeifer den Flug begonnen, und sind dann per Zufall einige auf Hawaii gelandet und die anderen ins Meer gestürzt?

Und wiederholt sich dieser Zufall seither Jahr um Jahr wieder bei den jungen Regenpfeifern?

Das scheint fast zuviel des Zufalls. Dann gäbe es längst keine Goldregenpfeifer mehr. Für Menschen, deren Glaube an den Zufall nicht groß genug ist, bleibt nur eine rationale Erklärung: die Regenpfeifer sind programmiert. Aber von wem? Dafür kommt nur jemand in Frage, der dazu auch in der Lage ist. Der berühmte "Zufall" der Evolution ist es jedenfalls nicht. Das Buch von Gitt/Vanheiden enthält viele weitere Beispiele dieser Art. Es ist äußerst anregend zu lesen.

Die Sintflut

Die Sintflut muss, wenn es sie gegeben hat, ein urgewaltiges Geschehen gewesen sein. Die Frage ist, ob es sie gegeben hat. Ist es überhaupt vorstellbar, dass eine globale Flut die ganze Erde bedeckte und auch die Berge noch sieben Meter überstieg? Das mutet doch total unwahrscheinlich an.

An dieser Stelle müssen wir einen Ausflug in die *Erdgeschichte* machen. In der Wissenschaft geht man heute allgemein von einem ursprünglichen Gesamtkontinent "Pangäa" aus, der irgendwann in sechs Kontinente zerbrach, die dann auseinanderdrifteten: die sogenannte *"Kontinentaldrift"*. Darauf weisen z. B. die Küstenlinien von Afrika und Südamerika hin, die recht genau ineinander passen. Erst seit diesem Geschehen soll es unsere heutigen fünf Kontinente und die Antarktis geben. Für die Drift der Kontinente werden in der konventionellen Wissenschaft aufgrund der heutigen langsamen Bewegung von nur Zentimetern im Jahr Jahrmillionen angesetzt. Heute spricht man auch von der Theorie der *"Plattentektonik"*.

Der amerikanische Geophysiker **John Baumgardner** entwarf inzwischen aber mit Hilfe von Computersimulationen eine "Katastrophische Plattentektonik", nach der dieses Geschehen weitaus schneller abgelaufen sein könnte, als man bisher annimmt. Dieses Modell ist derzeit als eines der besten Computermodelle anerkannt *(Don Batton, Fragen an den Anfang, CLV Bielefeld 2001, S. 167f)*.

Was kann als Auslöser einer so ungeheuren, aber offenbar stattgefundenen Katastophe überhaupt in Frage kommen? ***Doch nur ein globales Geschehen von unglaublicher Dynamik und Energie.*** Schöpfungswissenschaftler führen an dieser Stelle logischerweise die ***Sintflut*** an, in deren Gefolge es riesige Umbrüche auf der ganzen Erde gab - Klimastürze, Meeresbodenabsenkungen, Vulkanausbrüche, Verschüttungen, weitere Überschwemmungen, Erdbeben und gewaltige Gebirgsfaltungen.

So lassen sich auch am besten die großen Tierfriedhöfe erklären, in denen Milliarden Fossilien aus ganz verschiedenen Lebensräumen und Klimazonen durcheinandergemischt vorkommen. Ebenso auch die riesigen Kohle- und Erdölvorkommen und überhaupt alle ***Versteinerungen von Tieren und Pflanzen***. Ein solches Geschehen erfordert immer eine rasche Verschüttung und einen nachfolgenden hohen Druck, denn ohne Luftabschluss und Druck versteinert gar nichts. Bei einer Jahrmillionen langen langsamen Ablagerung der verschiedenen Erdschichten (gemäß Evolutionstheorie) wären weder Kohle noch Erdöl entstanden. Alle tierischen und pflanzlichen Ablagerungen wären nicht versteinert, sondern verwest und zu Kompost verrottet. Sie wären einfach wieder in den organischen Kreislauf zurückgekehrt. Man muss kein Wissenschaftler sein, um das zu erkennen.

In Hinblick auf die Sintflut ist an dieser Stelle wichtig zu sehen, dass die gewaltigen Faltengebirge wie ***Himalaya, Anden, Alpen*** usw. erst nach der Sintflut aufgeschichtet wurden. Vermutlich lösten ja erst die gewaltigen Umbrüche im Gefolge der Sintflut die Kontinentaldrift und damit die Gebirgsaufschiebungen aus.

Wir können also mit ziemlicher Sicherheit davon ausgehen, dass es vor der Sintflut eine ganz andere Oberflächengestalt unserer Erde gab. Unsere heutigen Achttausender, Sechstausender oder auch nur Dreitausender existierten noch gar nicht. Der Urkontinent Pangäa war wahrscheinlich ein relativ flachhügeliges Gebilde, eingebettet in ein wunderbar mildes Treibhausklima und ohne Stürme und Frost. Darauf lassen z.B. auch die Palmenfossilien an Nord- und Südpol schließen.

Dies änderte sich erst, als Gott zu Beginn der Sintflut die *"Fenster des Himmels"* (1. Mose 7, 11) öffnete und die *"Wasser über der Feste"* abregnen ließ. Was bedeutet hier "Feste"? Dazu müssen wir uns die entsprechenden Verse im Schöpfungsbericht genau ansehen: "Und Gott sprach: Es werde eine Feste zwischen den Wassern, die da scheidet zwischen den Wassern. Da machte Gott die Feste und schied das Wasser unter der Feste von dem Wasser über der Feste. Und es geschah so. Und Gott nannte die Feste Himmel (!. Mose 1, 6-8). In anderen Übersetzungen wird "Feste" mit "Firmament", "Wölbung" oder "Ausdehnung" wiedergegeben. Gemeint ist jeweils der Himmel, also unser heutige Atmosphäre.

Die Bibel spricht hier also von Wassern unter dem Himmel (dem Meer) und Wassern über dem Himmel. Offensichtlich ist hier nicht von Wolken, sondern von einem riesigen Wasserreservoir die Rede, einem Wassergürtel oder Wasserdampfgürtel, der die ganze Erde umgab. Aus Wolken kann es nicht ununterbrochen 40 Tage und 40 Nächte regnen; sie sind nach ein paar Tagen erschöpft. Dieser Wassergürtel schützte die Erde vor den schädlichen Weltraumstrahlen und gab ihr ein gleichmäßig tropisches Treibhausklima (daher wahrscheinlich auch die hohen Alter der Menschen vor der Sintflut).

Gleichzeitig brachen bei der Sintflut auch die *"Brunnen der großen Tiefe"* auf (1. Mose 7, 11), d.h. riesige unterirdische Wasserspeicher, und überfluteten das Erdreich. Es war also Wasser im Überfluss vorhanden - der Wassergürtel über dem

Himmel und die Wasserspeicher unter der Erde. Gemäß Bibel hatte es vor der Sintflut überhaupt noch nicht geregnet, sondern "ein Nebel stieg auf von der Erde und feuchtete alles Land" (1. Mose 2, 6).

Eine globale Flut, die die ganze Erde bedeckte, ist also gemäß den biblischen Angaben durchaus denkbar. Wäre die Flut nicht global gewesen, hätten die Tiere einfach abwandern können. Bei einer nur lokalen Überschwemmung wäre eine Arche völlig überflüssig und sinnlos gewesen.

(Literatur: Willem Glashower, So entstand die Welt, CLV Bielefeld 1991, S. 69f; Werner Gitt, Das biblische Zeugnis der Schöpfung, Hänssler Holzgerlingen, 7. Auflage 2000, S. 107f).

Die Arche Noah

Was wissen wir über die Arche Noah? Gott gab Noah den Auftrag, eine Arche zu bauen, und gab ihm auch die genauen Maße und den Bauplan dafür. "Mache dir einen Kasten von Tannenholz und mache Kammern darin und verpiche ihn mit Pech innen und außen. Und mache ihn so: *300 Ellen sei die Länge, 50 Ellen die Breite und 30 Ellen die Höhe"* (1. Mose 6, 14 -15). Die Arche sollte drei Stockwerke haben. Gott gab Noah zum Bau ca. 100 Jahre Zeit.

Kann ein solches Schiff wie die Arche Noah überhaupt denkbare Wirklichkeit sein? Ist es überhaupt vorstellbar, dass alle Tiere Platz in einem solchen Schiff finden konnten? Scheitert diese Vorstellung nicht schon aus sachlichen Gründen an der Vielzahl der Tiere und und dem Fassungsvermögen der Arche?

Wissenschaftler der *Studiengemeinschaft Wort und Wissen* haben ausgerechnet, wie groß die Arche und die Anzahl der unterzubringenden Tiere war. Die Maße der Arche waren, wie angegeben, 300 Ellen x 50 Ellen x 30 Ellen. Das kleinste biblische Maß für eine Elle war 45 cm, das größte 52,5 cm. Die Arche hatte also *mindestens* die Maße von 135 m Länge, 22,5 m

Breite und 13,5 m Höhe (oder aber von ca. 150 x 25 x 15 m). Die Arche war demnach ein riesiges Schiff bzw. ein riesiger Kasten mit einem Rauminhalt, wie ihn erst Schiffe im 20. Jahrhundert aufwiesen!

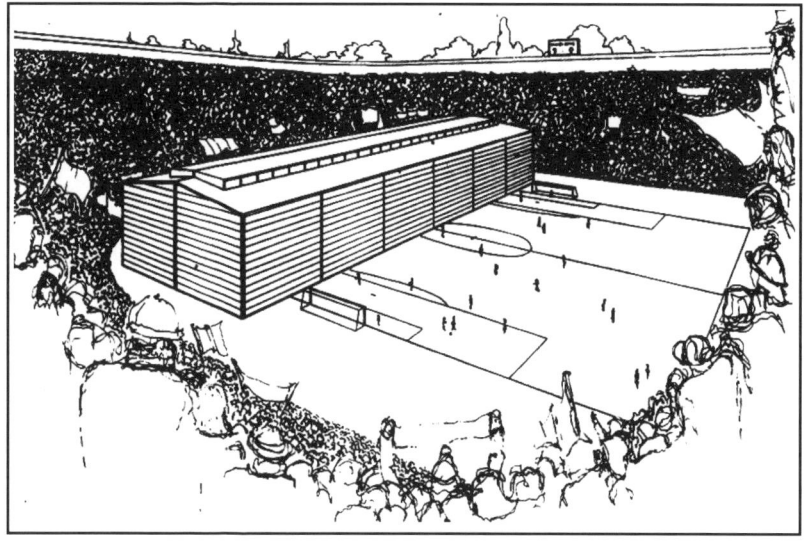

Die Arche wird in Darstellungen gewöhnlich verniedlicht. Nach den Maßangaben der Bibel war sie jedoch länger als ein Fußballfeld und drei Stockwerke hoch (Abb. aus Wort+Wissen-Diskussionsbeitrag 4/90)

Noah sollte von allen Tierarten ein Paar an Bord nehmen, nur von den wenigen reinen Tieren (Opfertieren) und von den Vögeln je sieben Paare. Alle wasserbewohnenden Tiere schieden von vornherein aus, sie mussten nicht mit in die Arche. Es blieben vor allem die landbewohnenden Säugetiere, Vögel, Reptilien und Amphibien. Von diesen aber lediglich ein Paar (bzw. sieben) pro Art. Hierbei ist zu beachten, dass "geschaffene" Arten im Sinne der Bibel umfassender zu verstehen sind als biologische Arten (die eher als "Unterarten" aufzufassen sind).

Beträfe es alle *biologischen Arten*, müssten die Schöpfungswissenschaftler von etwa 145000 Wirbeltieren ausgehen. Sie

95

gehen aber davon aus, dass es sich bei den biblischen *"geschaffenen Arten"* um "Grundtypen" handelt, die etwa auf der Stufe einer biologischen Familie oder Gattung stehen und später viele "Unterarten" bilden konnten. Zu einem solchen Grundtyp gehören jeweils alle Tiere, die miteinander direkt oder indirekt Nachkommen erzeugen können (z.b. Hundeartige, Pferdeartige, Entenartige, Hühnerartige usw.). Rechnet man von diesen je ein Paar bzw. bei reinen Tieren und Vögeln sieben Paare, so ergab sich eine Gesamtzahl von *ca.* *10800 Einzeltieren*, die in der Arche Platz finden mussten.

Dafür reichte das Fassungsvermögen der Arche bei weitem aus. *Der Laderaum in der Arche entsprach etwa 280 Güterwaggons.* Das hätte ausgereicht, um 33000 Tiere von der Größe eines Schafes zu transportieren. Es war also bei 10800 Tieren auch für Futtervorräte noch genügend Raum vorhanden. Bedenkt man außerdem, dass große Tiere (Saurier usw.) als Jungtiere mitgenommen werden konnten, ergaben sich auch hierfür keine Probleme. Da Gott die Tiere zeitweise in einen Sommer- oder Winterschlaf versetzen konnte, hätte sich auch die Nahrungsversorgung und der Arbeitsaufwand wesentlich vereinfachen können. Von den sachlichen Aspekten her besteht daher kein Grund, den Bericht über die Arche zu verwerfen *(Fred Hartmann/ Reinhard Junker, Passten alle Tiere in die Arche Noah?, Wort+ Wissen-Diskussionsbeitrag 4/90).*

Es war auch nicht Noah, der die Tiere sammeln und in die Arche treiben musste, sondern Gott selbst sorgte dafür, dass sich jeweils ein Paar jeder Art einfand und in die Arche ging (1. Mose 1, 8-9). Da es vor der Sintflut wohl noch den Einheitskontinent "Pangäa" gab, hatten auch alle Tiere die Möglichkeit, die Arche zu erreichen. Man muss bei dem ganzen Geschehen im Auge behalten, dass die gesamte Sintflut ein *göttlich gelenktes übernatürliches* Ereignis war, auch was den Aufenthalt der Tiere in der Arche angeht.

Interessant ist in diesem Zusammenhang, dass viele Völker, Volksgruppen und Stämme auf der ganzen Welt *Sintflut-*

überlieferungen bewahrt haben. Das beginnt bei den Eskimos in Alaska, den nordamerikanischen Indianern, den südamerikanischen Indiovölkern, setzt sich fort bei den Völkern im gesamten eurasischen Raum bis nach Sibirien, findet sich in Afrika genauso wie auf den mikro- und polynesischen Inseln im Pazifik und geht bis zu den Ureinwohnern von Australien. Auch beziehen sich diese Legenden auf keine lokalen Überflutungen, sondern handeln von einer großen, allumfassenden Flut.

Viele Sintflutüberlieferungen unter den verschiedenen Völkern auf der ganzen Erde weisen verblüffende *Gemeinsamkeiten* auf: "Ein großes Schiff mit acht Personen und vielen Tieren", ein "Vogel mit einem Zweig im Schnabel", ein "Regenbogen" usw. Gemäß der biblischen Chronologie müsste diese Flut auch keine Jahrmillionen, sondern nur einige Jahttausende zurückliegen *(Richard Wiskin, Das biblische Alter der Erde, Hänssler Holzgerlingen 1994)*.

Wenn man bedenkt, welche Verwüstungen ein einzelner Tsunami in nur wenigen Minuten anrichtet, kann man sich vorstellen, was eine solche gewaltige Sintflut-Katastrophe mit Meeres- und Erdbeben in einem ganzen Jahr bewirkt. Wenn man den nachfolgenden Umwälzungen nur einige Jahrhunderte zubilligt, kann das Gesicht der Erde sich vollkommen verändert haben.

Besonders beeindruckend in Hinblick auf die Arche ist eine Tatsache aus China. Das chinesische Schriftzeichen für "Schiff" setzt sich aus drei Einzelzeichen zusammen: aus "Gefäß", aus "Person" und aus der Zahl "acht". *Das Schriftzeichen für "Schiff" ist also im Chinesischen "ein Gefäß mit acht Personen".* Wenn man bedenkt, dass die Arche genau acht Personen an Bord hatte - Noah mit seinen drei Söhnen und die vier Ehefrauen - ist dies wie ein weiterer merkwürdiger "Zufall". Ein chinesischer Autor ist diesen "Zufällen" nachgegangen und fand noch weitere solcher biblischen Bezüge unter den chinesischen Schriftzeichen. Anzumerken ist, dass diese Zeichen bereits lange vor dem Eintreffen der ersten christlichen Missionare in China existierten *(C. H. Kang/E. R. Nelson, Erinnerungen an die Genesis, Hänssler Holzgerlingen 1999).*

Die Bibel berichtet, dass die Arche auf dem Gebirge **Ararat** (in der heutigen Türkei) landete. Der Ararat ist 5165 m hoch und von ewigem Eis bedeckt. 1959 machten Militärpiloten ein archeähnliches Gebilde an den Hängen des Ararat aus. Eine Expedition brach auf, um das Gebilde zu begutachten, hatte aber nur zwei Tage Zeit dafür und hielt die Formation für nicht weiter untersuchenswert..

Dem Amerikaner **Ron Wyatt** schien das auffällig *schiffsähnliches Felsrelief* auf den Ausläufern des Ararat aber interessant genug, um es eingehend zu prüfen. So startete er im Jahr 1977 zum ersten Mal eine Expedtion, um die Formation mit modernen Untersuchungsmethoden zu untersuchen. Seine Entdeckungen waren so ergiebig, dass er es sich zur Lebensaufgabe machte, auch weiteren alttestamentlichen Berichten nachzugehen (u.a. über den Untergang von Sodom und Gomorra). Er stellte fest, dass das Gebilde ziemlich genau die Maße der Arche aufwies - 156 m lang, aber etwas breiter als 25 m, was damit erklärt werden kann, dass die Seitenwände sich nach außen geneigt haben.

Er ließ Proben dieses Felsgebildes in einem Labor in Knoxville, USA, prüfen. Der Karbongehalt war 4,95%. Proben aus der näheren Umgebungt hatten nur einen Gehalt von 1,88%. Der hohe Karbongehalt ist ein Hinweis auf organischen Ursprung. Auf der Oberfläche dieser Formation sind Rippen und Querstreifen (Balken?) erkennbar. Per Radar konnte er feststellen, dass das Gebilde drei Stockwerke hatte, von denen die beiden oberen eingestürzt sind. Ein balkenähnliches Gebilde wurde nur wenige Meter unter der Oberfläche geortet und konnte ausgegraben werden. Im Labor stellte sich heraus, dass es *geschichtetes, versteinertes Holz* war. Außerdem wurden mit Metalldetektoren Tausende von Metallnieten entdeckt, die das Gebilde in geraden Linien durchzogen.

Die 1977 von Ron Wyatt untersuchte Formation auf den Ausläufern des Ararat, die erst 1948 durch ein Erdbeben sichtbar wurde. Inzwischen wurde diese Formation von der türkischen Regierung offiziell als Arche anerkannt (Abb. aus: www.wyattmuseum.com)

In der weitern Umgebung wurden 13 riesige *Ankersteine* gefunden, die in unregelmäßigen Abständen auf einer längeren Linie hinter dieser Formation liegen, jeder mit einem durchbohrten Loch in der Spitze, durch das man ein Halteseil ziehen konnte. Solche Steine werden noch heute bei manchen Schiffen zur Stabilisierung verwendet *(www.wyattmuseum.com; www.finalfrontier.org.uk; www.archa.ch)*.

Es sieht verblüffend danach aus, als könnte dies tatsächlich die Arche gewesen sein. Die Formation liegt etwa 18 km vom Hauptberg des Ararat entfernt, über 2000 m hoch und über 300 km entfernt vom Meer. Die türkische Regierung sandte ein eigenes Archäologenteam aus, um das Objekt zu untersuchen. Das Ergebnis war offenbar so positiv, dass.das ganze Gebiet 1987 offiziell zum *"Arche-Noah-Nationalpark"* erklärt wurde.

Was dies für den Wahrheitsgehalt der Bibel bedeuten würde, ist klar. Eine nachweisbare Arche würde auch auf eine reale Sintflut hinweisen. Beide Tatsachen würden die Aussagen der Bibel bestätigen. Man müsste die Bibel auch in ihren Gerichtsbotschaften ernst nehmen. Es sieht einmal mehr danach aus, als sei dies der Fall.

Alle die oben angeführten Beispiele machen deutlich, dass es den oft genannten Widerspruch zwischen Bibel und Naturwissenschaft in Wirklichkeit nicht gibt. Die Bibel widerspricht der Naturwissenschaft nicht. Sie stellt Sachverhalte ohne wissenschaftliche Fachausdrücke in der normalen Umgangssprache dar, aber sie macht keine wissenschaftlichen Falschaussagen. Oft ist sie wissenschaftlichen Erkenntnissen sogar um Jahrtausende voraus.

In dem sechshundertsten Lebensjahr Noahs am siebzehnten Tag des zweiten Monats, an eben diesem Tag brachen alle Brunnen der großen Tiefe auf und taten sich die Fenster des Himmels auf und ein Regen kam auf die Erde vierzig Tage und vierzig Nächte."

(1. Mose 7, 11-12)

EVOLUTION: THEORIE DER GLÜCKLICHEN ZUFÄLLE

Phillip Johnson, Autor des berühmten Buches *Darwin on Trial (Darwin vor Gericht)*, stellt fest: Naturwissenschaft beruht auf Materialismus ("es gibt nichts Übernatürliches"), und dieser Materialismus wird mit Realität gleichgesetzt.

Mit anderen Worten: Materialismus ist "real" und "wissenschaftlich"; Konzepte, in denen "Gott" vorkommt, sind "unreal" und "unwissenschaftlich". Wissenschaftler, die biblische Aussagen in ihre Überlegungen einbeziehen, werden dem Bereich "Religion" zugeordnet und nicht mehr ernst genommen.

"Evolution" kommt völlig ohne Gott aus und ist damit "wissenschaftlich". "Schöpfung" bezieht Gott ein und ist damit "unwissenschaftlich".

So lernen es die Schüler in der Schule, so geben sie es später als Journalisten, Lehrer, Kommentatoren usw. voll Überzeugung weiter, so verstehen es die Evolutionsbiologen und so die ganze Gesellschaft. Dieses Verständnis ist allgegenwärtig. Da Evolution ihrem Wesen nach materialistisch ist, ist sie "rational", also

"Wissenschaft". Schöpfung, die ihrem Wesen nach nichtmaterialistisch ist, ist "irrational" und "Religion". So einfach ist das.

Wer "Evolution" hinterfragt und "Schöpfung" als gleichberechtigtes Modell bewertet, steht sofort als armer Trottel da. Der Gedanke an Evolution hat sich inzwischen so in die Köpfe eingebrannt, dass jedes Infragestellen nur heiteres Kopfschütteln auslöst. Für "normal" denkende Menschen ist heute unvorstellbar, dass das Evolutionskonzept noch bezweifelt werden könnte. "Evolution" ist so selbstverständlich, dass überhaupt niemand mehr nach Beweisen fragt.

Aber "Evolution" ist keineswegs bewiesen, und die fehlenden Beweise bereiten den Evolutionsbiologen erhebliches Kopfzerbrechen. Auch wenn Evolution der Öffentlichkeit ständig als Tatsache und Wissenschaft präsentiert wird, kann das keinen Beweis ersetzen. *Auch oftmalige Wiederholungen machen Thesen nicht zu Tatsachen.*

Doch die ständige Darbietung von Evolution als "objektive Naturwissenschaft" tut ihr Werk. Evolutionsbiologen bieten ihre Hypothesen und Deutungen gewöhnlich so an, als seien es Tatsachen. Sie sprechen von "Forschungsergebnissen", wo es nur um Mutmaßungen geht. Letztlich erweist sich diese Methode als sehr wirksam, denn Laien müssen glauben, es handele sich tatsächlich um "bewiesene Tatsachen". Sie müssen unter diesem Etikett einfach davon ausgehen, dass Evolution erwiesen ist.

"Wissenschaftliches" Alibi für atheistische Ideologien

Evolution ist nicht nur eine Frage von akademischem Interesse. *Die Frage "Evolution oder nicht?" prägt unser gesamtes Werte- und Wirklichkeitsverständnis.* Denn das "wissenschaftliche" Image von Evolution machen sich zahlreiche atheistische Weltanschauungen zunutze. Sie ziehen "Evolution" sozusagen zur "amtlichen" Beglaubigung ihrer eigenen Ideologie heran.

102

Da ohne Evolution Gott nicht einfach für "tot" erklärt werden könnte, ist "Evolution" für sie die ideale Grundlage, um ihren Ideen ein wissenschaftliches Mäntelchen umzuhängen. Wenn sozusagen auf "wissenschaftlicher" Ebene nachgewiesen wird, dass "Gott" für die Entstehung des Lebens nicht erforderlich ist, ist die Sache klar. Dann ist Atheismus mehr oder weniger "wissenschaftlich" bewiesen: Gott ist tot, der Mensch autonom.

Man muss sich einmal vor Augen halten, welche *menschenverachtenden Ideologien* sich das Evolutionskonzept schon zunutze gemacht haben. So konnten sowohl der Marxismus/Kommunismus als auch der Nationalsozialismus/Rassismus ihre "wissenschaftliche" Beglaubigung von der Evolutionslehre herleiten. **Hitler** und **Stalin** glaubten beide an Evolution und wollten diese durch Auslöschung "unwerten Lebens" vorantreiben. Nichts kam ihnen gelegener, als durch den Gedanken einer "Evolution" ein "wissenschaftliches" Alibi zu besitzen. Die Evolutionslehre lieferte ihnen für ihre mörderischen Programme die moralische Rechtfertigung.

Dass dies tatsächlich so ist, kommt schon in den ideologischen Schlagworten zum Ausdruck: "Der Einzelne ist nichts, die Gesellschaft ist alles", "Gott ist tot", "das Paradies auf Erden schaffen", "das Recht des Stärkeren", "Herrenrasse", "minderwertiges Erbgut", "der körperlich Stärkere, geistig Klügere, rassisch Höherstehende" überlebt" usw. Dies sind nur einige der "Wahrheiten", die auf dem Boden von "Evolution" entstanden.

Auf den anscheinend so "wissenschaftlichen" Evolutionszug sprang schon bald auch die *"moderne" Theologie* auf. Sie gab der Bibel den Laufpass und ersetzte Gott durch "Evolution". Damit begann der Verfall der biblisch-christlichen Werte.

Einen kräftigen Schub bekam diese Entwicklung durch die 68er Kulturrevolution. Die Auswirkungen erleben wir bis heute. *Die christlichen Werte und Prinzipien befinden sich im freien Fall.* Die explosionsartige Zunahme von Gewalt, Korruption und Verbrechen in den letzten Jahrzehnten ist kein Zufall. Folgen sind ebenfalls Drogenkonsum, Perversionen, Abtreibung, Selbstmord usw. Eine scharfsinnige Analyse der zeitgeschichtlichen Entwicklung im nachchristlichen Westen erstellte der Stuttgarter Philosoph **Günter Rohrmoser** in seinem Buch *"Der Ernstfall" (Ullstein Frankfurt/Berlin, 1994)*.

Muss man dem Thema "Evolution" in einem Buch über die Bibel überhaupt so weiten Raum einräumen? Leider ja. Das Evolutionskonzept musste u.a. ja auch als "wissenschaftliche" Begründung dafür herhalten, die Bibel zum Märchenbuch zu erklären. Damit übt dieses Konzept eine maßgebende zerstörerische Wirkung auf das gesamte gesellschaftliche Wertesystem aus. Das sollte schon deutlich klar werden.

Darwins unerfüllte Hoffnungen

Was machte - und macht - das Evolutionskonzept so attraktiv? Es kommt dem menschlichen Wunsch nach Autonomie entgegen. Denn soviel ist klar: *Falls die Evolutionslehre stimmt, ist Gott überflüssig* - und damit auch seine Gebote und jegliche übergeordnete Autorität. Dafür gelten dann Selbstbestimmung und Selbstverwirklichung, noch dazu "wissenschaftlich" beglaubigt. Mit einem solchen Angebot stößt die Evolution auf weit offene Türen, denn wer möchte sich schon gern freiwillig irgendwo unterordnen?

Andererseits leidet die Evolutionslehre nach wie vor unter akuter Beweisnot. Schon **Darwin** machte sich über den Mangel an Beweisen Gedanken, doch er hoffte auf künftige Forschungsergebnisse. Doch die Situation hat sich seit Darwin keineswegs gebessert, sondern nur noch verschlechtert. *Noch immer fehlen z.B. die "missing links"*, die "fehlenden Übergangsglieder" zwischen den Arten, - und es sieht ganz danach aus, dass das auch so bleiben wird.
Es gibt noch nicht einmal *einen* zweifelsfrei nachgewiesenen Übergang zwischen zwei Tierarten. Es geschieht auch heute

nirgends ein Übergang von einer Tierart in eine andere. Das reimt sich doch nicht. Es sieht verdächtig danach aus, als ob es gar keine Übergänge gibt:

- es gibt Millionen von Tierarten
- es gibt Millionen von Fossilien
- es gibt (gemäß Evolutionslehre) Millionen von Jahren
- - - warum gibt es nicht auch *Millionen von Übergangsgliedern* in den Fossilien?

Wie hatte doch die Bibel zu diesem Thema so nüchtern vermerkt: "Und Gott machte die Tiere, ein jedes nach seiner Art ..." (1. Mose 1, 25). Da ist keinerlei Rede von Urzelle und Ursuppe, von Evolution und Übergängen usw. Das klingt überhaupt nicht wissenschaftlich, sondern überaus schlicht und simpel. Einziger Vorteil: Es entspricht genau den Gegebenheiten, die wir überall und um uns her antreffen ...

Es konnte auch noch nie Leben aus Materie gezeugt werden. **Stanley Millers** "Ursuppenexperiment" tritt seit 1953 auf der Stelle, **Manfred Eigens** "Hyperzyklus" kommt nicht voran, und noch immer hat sich nirgendwo nachweisbar Leben "von selbst organisiert". Bisher gilt nach wie vor und ohne jede Ausnahme das von **Louis Pasteur** entdeckte Gesetz *"Leben kommt nur aus Leben"*.

Nach wie vor bestehen die meisten "Evolutionsbeweise" lediglich aus Hypothesen und sind daher keine Beweise, sondern nur wissenschaftliche Annahmen. Es gibt im Evolutionskonzept eine Fülle von Schwachpunkten, die das gesamte Konzept in Frage stellen. Immer wieder tauchen Fakten auf, die direkt gegen Evolution sprechen. Evolutionsbiologen reagieren mit immer neuen Zusatzhypothesen. Nur so lässt sich das Evolutionskonzept rational aufrecht erhalten.

Wissenschaftlich gesehen gilt ein Hypothesengebäude ohne belegbare Fakten als Philosophie bzw. Ideologie. Den Wissenschaftlern ist das gewöhnlich klar. Aber vielen Journalisten,

Fernsehkommentatoren und Schulbuchautoren offenbar nicht. Sie sind auf "Evolution" programmiert und vertreten unbeirrbar das evolutionistische Weltbild. Ihnen verdankt die Evolutionsidee ihren herrschenden Einfluss im öffentlichen Leben.

Bei einer kritischen Durchsicht der zur Zeit benutzten Schulbücher stellten Schöpfungswissenschaftler fest, dass in ihnen immer noch Aussagen enthalten sind, die zum Teil schon vor Jahrzehnten wissenschaftlich widerlegt wurden. *Mutationen* werden immer noch als Evolutionsmechanismen ausgegeben, obwohl sie nur Veränderungen *innerhalb* einer Art hervorrufen können (= Variationen). **Haeckels** "Biogentisches Grundgesetz" wird den Schülern als ***"Biogenetische Grundregel"*** immer noch vorgesetzt, obwohl seit über einem Jahrhundert bekannt ist, dass Haeckel dieses Gesetz mit gefälschten Zeichnungen belegt hat und es gar nicht existiert.

Die Tatsache, dass in der ältesten geologischen Schicht des Kambriums (vor "600 Millionen" Jahren) die meisten Tierarten sofort und voll ausgebildet in der heute vorhandenen Form auftraten (also keine "Evolution"!), wird durch schwammige und tendenziöse Formulierungen verdeckt: "Vor etwa 600 Millionen Jahren beginnt die Entfaltung eines reichen Tier- und Pflanzenlebens". Diese Aussage ist schlicht falsch, denn das Tier- und Pflanzenleben *beginnt* nicht, sondern ist urplötzlich und ohne Vorstufen komplett im Kambrium vorhanden, während im Präkambrium (der vorhergehenden Schicht) noch gar nichts da war. Man spricht direkt von der ***"kambrischen Explosion"*** der Lebewesen *(Reinhard Junker, Fehler in Evolutions-Schulbüchern?, Wort+Wissen-Diskussionsbeiträge 1/93 Baiersbronn).*

Um ihr materialistisches Konzept unter allen Umständen aufrecht zu erhalten, sind Evolutionsbiologen oft zu geradezu akrobatischen Klimmzügen gezwungen - frei nach dem Motto von Christian Morgenstern: "Es kann nicht sein, was nicht sein darf." Am klarsten brachte dies der Evolutionist **Arthur Keith** in einem vielzitierten Wort zum Ausdruck:
"Die Evolution ist unbeweisbar. Wir glauben aber daran, weil

106

die einzige Alternative dazu der Schöpfungsakt eines Gottes ist, und das ist undenkbar." An dieser Aussage hat sich bis heute nichts geändert. Sie wurde sinngemäß auch von anderen Evolutionswissenschaftlern so ausgesprochen.

Der Unterschied zwischen Evolutions- und Schöpfungskonzept lässt sich etwa auf folgenden Nenner bringen: Wo *Evolutionswissenschaftler* Jahrmilliarden, Zufall, Selektion und Mutation ansetzen, setzen *Schöpfungswissenschaftler* intelligente und zielgerichtete Planung an (sie beziehen also die Möglichkeit einer ersten Ursache, d.h. eines Verursachers, in ihre wissenschaftlichen - nicht religiösen!- Überlegungen ein).

Beide Konzepte lassen sich nicht nahtlos beweisen, beides sind Glaubenskonzepte. Denn beide, sowohl das Evolutions- als auch das Schöpfungskonzept, können sich nur auf *Indizien* stützen. Sowohl vor 600 oder 800 Millionen Jahren (Evolution) als auch vor ca. 6000 oder 8000 Jahren (Schöpfung) war niemand dabei.

Auch wenn die bisher vorliegenden Daten noch nicht durchgängig in das Schöpfungsmodell eingeordnet werden können, ist dieses doch weitaus schlüssiger als das Evolutionsmodell. Zahlreiche der heute bekannten Daten und Fakten passen überhaupt nicht in das Evolutionskonzept und *schließen eine Evolution praktisch aus.*

Kritik aus den eigenen Reihen

Das Schöpfungskonzept beruht auf dem Schöpfungsbericht der Bibel. Es geht davon aus, *dass Universum und Leben keine Zufallsprodukte sein können*, sondern nur aufgrund einer planenden und handelnden Intelligenz entstehen konnten. Als diese Intelligenz sehen Schöpfungswissenschaftler Gott an.

Um die Richtigkeit des einen oder anderen Konzepts zu beweisen, braucht es keine Hypothesen, sondern konkrete Daten und Fakten. Die Fakten sind vorhanden, und sie sprechen wenig für, aber oft gegen Evolution. Zu dieser Auffassung sind inzwischen zahlreiche (auch nichtgläubige) Wissenschaftler aus ganz verschiedenen Fachbereichen gelangt. Auch wenn sie das biblische Schöpfungskonzept nicht gleich übernehmen - letztlich ist die einzige Alternative zu Evolution Schöpfung.

In den letzten Jahren wurden viele Standardaussagen des Evolutionskonzepts kritisch unter die Lupe genommen und in Frage gestellt. Mitte der 90er Jahre erschienen einige evolutionskritische Bücher, die in Fachkreisen großes Aufsehen erregten. Autoren, die grundsätzlich an Evolution glaubten, meldeten aufgrund ihrer eigenen Untersuchungen Zweifel an. Dazu gehörten z.b. der neuseeländische Genetiker **Michael Denton** mit *Evolution: A Theory in Crisis* und der amerikanische Biochemiker **Michael Behe** mit *Darwin's Black Box*. Ebenso der (gläubige) amerikanische Rechtsprofessor **Phillip Johnson** mit *Darwin on Trial*. Alle diese Autoren deckten zahlreiche Ungereimtheiten im Evolutionskonzept auf.

Besonders *Darwin's Black Box* von Michael Behe, Biochemiker an der Lehigh University in Pennsylvania, USA, geriet schnell in die öffentliche Diskussion. Behe wies nach, dass in komplexen Strukturen (wie z.B. einer Zelle) auch nicht das geringste Teil verändert werden darf, weil sonst das gesamte System zusammenbricht. Er spricht dabei von einer *"nichtreduzierbaren Komplexität"*. Fällt nur das kleinste Teil eines komplexen Systems aus, gibt es einen Totalausfall. Er macht dies am Beispiel einer Mausefalle deutlich: Fehlt ein einziges Teil der Falle, funktioniert sie nicht mehr. Genauso bei einer Zelle.

Die Ergebnisse Behes bedeuten nicht mehr und nicht weniger, *als dass Mutation für den Evolutionsmechanismus ausscheidet*. Damit entfällt praktisch die Grundlage des Evolutionskonzepts, denn "Mutation" soll ja all die vielen Entwicklungssprünge von einer Art in eine andere bewirkt haben. Mutationen zerstören jedoch das ursprünglich harmonische Zellgefüge und damit das System.

108

Dieses Ergebnis stimmt damit überein, dass trotz tausender von Versuchen noch nie eine neue Art (im Sinne eines neuen Grundtyps) durch Mutation (und auch Selektion) ins Leben gerufen werden konnte. Gemäß Behe ist das auch gar nicht möglich. Jede Zelle ist von Anfang an optimal konstruiert. Immer, wenn die hochkomplexe Struktur einer Zelle eine Veränderung erfährt, bricht das System zusammen. *Veränderungen bewirken also keine "Aufwärtsentwicklung" (die zentrale Lehre der Evolution), sondern eine "Abwärtsentwicklung".* Es entstehen Missbildungen, Verkrüppelungen und Degeneration. Eben ganz schlicht und einfach die Folgen eines Zusammenbruchs.

Behe zieht aus seinen Ergebnissen den Schluss, dass derart perfekt arbeitende komplexe Systeme nur durch äußerst intelligente Planung entstehen können. Da er nicht an Gott glaubt, spricht er ganz allgemein von einem "intelligenten Designer" *(Michael Behe, Darwin's Black Box, Resch Gräfelfing, 2007).*

Beliebtes Verwechslungsspiel: Evolution, die keine ist

Was das Evolutionskonzept oft so schwer angreifbar macht, sind ihre unscharfen, verwaschenen Definitionen. Zum Beispiel unterscheiden Evolutionsbiologen bewusst nicht zwischen *Veränderungen innerhalb einer Art (Mikroevolution)* und *Veränderungen zwischen den Arten (Makroevolution).* Nur Makroevolution wäre jedoch "echte" Evolution von einer Art in eine andere. Aber Makroevolution konnte noch nie wissenschaftlich nachgewiesen werden - weder in den Fossilien, noch im Experiment, noch in der Beobachtung.

Nur *innerhalb* einer Art gibt es Veränderungen. Dabei definieren Schöpfungswissenschaftler "geschaffene Arten" im Sinne der Bibel als "Grundtypen": z.B. "Pferdeartige", "Entenartige", "Taubenartige", "Hundeartige" usw. Innerhalb eines solchen "Grundtyps" ist natürlich eine "Evolution", d.h. "Variation", der gemeinsamen Erbanlagen möglich - durch Kreuzung bzw. gezielte Züchtung. Aber schon bei Kreuzungen zwischen Pferd und Esel bzw. Pferd und Zebra werden die Grenzen dieser "Mikroevolution" erreicht, denn die Nachkommen dieser Kreuzungen sind alle unfruchtbar.

Eine genaue Grundtypen-Definition findet sich im durchgehend farbigen Biologie-Schulbuch der Schöpfungswissenschaftler **Reinhard Junker** und **Siegfried Scherer** *(Evolution - Ein kritisches Lehrbuch, Weyel Gießen, 6. Auflage 2006)*.

Praktisch alles, was Evolutionsbiologen als Beispiele für "Evolution in Aktion" anführen, ist "Mikroevolution". Das heißt, es ist überhaupt keine "Evolution", sondern lediglich *"Variation"*. Variation bedeutet, dass bereits vorhandene Erbanlagen *innerhalb der gleichen Art* variiert werden. Der Ausdruck "Mikroevolution" ist also genau genommen irreführend. "Evolution" heißt ja "Entwicklung". Bei einer Mikroevolution entwickelt sich jedoch überhaupt nichts. Mikroevolution betrifft nur Veränderungen, d.h. Anpassungen, innerhalb einer Art. Veränderungen *innerhalb* einer Art erkennen selbstverständlich auch Schöpfungsforscher an.

Aber *zwischen* den verschiedenen Grundtypen gibt es keine Übergänge. Ein Hund wird keine Katze und eine Katze kein Hund. Für eine solche echte (Makro)evolution gibt es bis heute keinen einzigen Beleg. *Noch nie konnte die Entwicklung (="Evolution") von einer Art in eine neue Art nachgewiesen werden.* Auch in den Fossilien (die ja gemäß Evolutionslehre "Millionen" von Jahren Zeit zur Entwicklung hatten), findet sich nirgends ein Übergang. Es gibt einfach keine Übergangsformen. *Alle angenommenen Übergänge von Fischen zu Lurchen, Reptilien zu Vögeln, Hunden zu Katzen, Affen zu Menschen usw. sind bislang reine Wunschvorstellungen.*

Wie schon erwähnt, treten in der untersten "Erdzeitalterschicht", dem Kambrium, die Fossilien sofort fix und fertig und in einer riesigen Artenvielfalt in Erscheinung. Nirgends ein Zwischenstadium, ein Halbentwickelter, eine Übergangsform, ein

110

Bindeglied. Evolutionsbiologen versuchen dieses völlige Fehlen von Übergangsformen wieder mit Zusatzhypothesen zu erklären. So hat der berühmte amerikanische Paläontologe **Stephen Gould** die Zusatzhypothese vom *"unterbrochenen Gleichgewicht"* aufgestellt: Die Evolution sei nicht breit fortschreitend erfolgt, sondern sprunghaft und lokal begrenzt. Nach Katastrophen hätten sich in Randgebieten durch wenige Überlebende sprunghaft neue Formen entwickelt.

Was Gould jedoch nicht erklären kann: *Woher bekamen die Überlebenden ihre neuen Gene?* Sie konnten ja nur auf ihren alten Genpool zurückgreifen. Mutationen schaffen keine neuen Gene, sondern nur Verkrüppelungen. Ohne neue Gene gibt es aber keine neuen Formen (s. Michael Behe). Goulds Hypothese ist selbst unter seinen Evolutionskollegen höchst umstritten.

Andere Evolutionsaussagen stützen sich auf unscharfe Definitionen. Wie oben gezeigt, übersehen Evolutionswissenschaftler großzügig den grundlegenden Unterschied zwischen Makro- und Mikroevolution. Sie setzen einfach beides gleich. Bekannte Beispiele dieser Art sind die *"Darwinfinken"* auf den Galapagos-Inseln, deren Schnabelformen auf den voneinander isolierten Inseln unterschiedliche Merkmale aufweisen. In einem Fernsehbeitrag wurde als Beispiel für Evolution angeführt, dass bei einer langen Dürreperiode nur diejenigen Finken überlebten, die sich aufgrund körperlicher Vorteile unzulängliche Wasserquellen erschließen konnten *(Expeditionen ins Tierreich, ARD 3. 6. 1999).*

Aber was hat das mit Evolution zu tun? Es ist das gleiche, als wenn man in einem Hundezwinger den Wassertopf so hoch hängt, dass nur die größten Hunde ihn erreichen können. Alle kleinen Hunde verdursten. Hinterher besteht die Population nur noch aus großen Hunden. Ist das Evolution? Nein, denn es sind alles immer noch Hunde. Bliebe die Population geschlossen, würden zwar zunächst große Hunde dominieren, aber mit der Zeit würden auch wieder kleine Hunde auftauchen, denn die Gene sind nach wie vor in der Population vorhanden.

Ähnlich verhält es sich mit dem berühmten Paradebeispiel *"Birkenspanner in England"*. Der Birkenspanner tritt im Industrieruß häufiger als dunkle als als helle Form auf - aber nicht wegen "Evolution", sondern weil die Hellen in der verrußten Umgebung mehr auffallen und häufiger gefressen werden. Helle und dunkle Birkenspanner gab es schon immer.

In beiden Fällen handelt es sich nur um Mikroevolution, d.h. um eine Variation von Erbanlagen innerhalb der gleichen Art. *Es ist das gleiche Geschehen wie z.B. wenn Hundezüchter gezielt Dackel, Boxer, Windhunde oder Bernhardiner züchten.* Trotz des äußerst unterschiedlichen Erscheinungsbildes bleiben es immer Hunde - genauso, wie die Darwinfinken Finken und die Birkenspanner Birkenspanner bleiben. In solchen Fällen von Evolution zu sprechen, ist reiner Bluff - wenn nicht gar gezielte Irreführung. Aber praktisch alle Medien und Schulbücher übernehmen diese unsaubere Argumentation.

Die Jahrmillionen: zwei Unbekannte zuviel

Eine weitere Ungereimtheit der Evolutionslehre betrifft die Methoden der Erdzeitalter-Datierung, Mit diesen Methoden versuchen Evolutionswissenschaftler die "Jahrmilliarden langen" Zeiträume nachzuweisen, mit denen das Evolutionskonzept steht oder fällt.

Alle Datierungsmethoden (z.B. Kalium-Argon-Methode, Uran-Blei-Methode, Radio-Karbon-Methode) beruhen auf dem Zerfall radioaktiver Isotope. Das Problem dabei ist, dass es *zwei Unbekannte* gibt - nämlich Ausgangsmenge und Zerfallsgeschwindigkeit dieser Isotope. Man weiß also nie, wieviel Isotope ursprünglich vorhanden waren, und ob der Zerfall mit gleichbleibender Geschwindigkeit vonstatten ging. Eine solche Gleichung ist mathematisch gesehen unlösbar.

Wie hat man sie aber trotzdem gelöst? Man setzte einfach als ursprüngliche Menge der radioaktiven Materie den Wert 100%

und für das Zerfallsprodukt den Wert Null an (also z.B. Uran 100%, Blei Null). Außerdem ging man von einer gleichbleibenden Zerfallsgeschwindigkeit aus. Daraus ergab sich dann folgende Gleichung: "Vorher war alles Uran, Uran zerfällt mit der und der Geschwindigkeit zu Blei, wir finden hier soundso viel Blei vor, also hat der Zerfallsprozess soundso viel Millionen (bzw. Milliarden) Jahre gedauert." Nur durch diese ganz willkürlichen Annahmen werden die milliardenlangen Zeiträume erzielt, die für "Evolution" unbedingt erforderlich sind.

Falls aber vorher *nicht* alles Uran war und die Ausgangsmenge des Bleis zufälligerweise ursprünglich nicht bei Null, sondern bei 95% lag, verkürzen sich die "berechneten" Zeiträume drastisch. Die Jahrmilliarden schrumpfen auf Jahrtausende. Wir befänden uns plötzlich im biblischen Zeitrahmen. Ähnliches ergibt sich auch, wenn die Geschwindigkeit des Zerfalls früher höher war als heute .

Dass es tatsächlich zu - milde gesagt - "ungenauen" Datierungen kommt, zeigen die amerikanischen Bestsellerautoren **Josh McDowell** und **Don Stewart** anhand zahlreicher Beispiele:

- 200jährige Lava aus einem Vulkan auf Hawaii wurde mit der Kalium-Argon-Methode auf 2,4 Milliarden Jahre "berechnet".

- Im Vulkangebiet bei Auckland in Neuseeland wurden Bäume von Lava überflutet und eingehüllt, aber nicht zerstört. So konnte man zwei Messmethoden anwenden. Das Lavagestein wurde per Kalium-Argon-Methode auf 145000 bis 465000 Jahre datiert, die Baumstämme kamen dagegen per Radio-Karbon(= C14)-Methode nur auf knapp 1000 Jahre. Das ist ein Unterschied wie Tag und Nacht.

Selbst die für kurze Zeiträume relativ genaue C14-Methode weist große Unstimmigkeiten auf. Bei einer dreimaligen Datierung des gleichen Geweihs erhielt man drei weit auseinanderliegende Ergebnisse: 5340, 9310 und 10320 Jahre *(Josh McDowell/Don Stewart, Fakten über das Christentum, die Zweifler kennen sollten, Memra Weichs 1987, S. 90-93).* Wenn eine Datierungsmethode schon in einem Zeitrahmen von nur 10000

Jahren um knapp 5000 Jahre differieren kann, ist sie nicht sehr zuverlässig.

Zur Abwechslung jetzt eine Gleichung, die zumindest die Logik auf ihrer Seite hat. *Wie entstehen Fossilien, d.h. Versteinerungen?* Gemäß Evolutionskonzept müssen sie entstanden sein, als sich Millimeter um Millimeter eine Staubschicht nach der anderen auf de Tierleichen legte und diese dann im Laufe von Millionen Jahren versteinerten - denn die Erdschichten sollen ja Zeiträume von Millionen Jahren darstellen. Es ist jedoch bekannt - und wohl auch unter Evolutionsbiologen anerkannt - , dass Leichen unter Luftzufuhr verwesen, nicht versteinern.

Versteinerungen (wie auch Kohle und Erdöl) entstehen nur unter Katastrophenbedingungen. Es sind keine "Jahrmillionen", sondern lediglich Luftabschluss, hoher Druck und Hitze erforderlich. Das ist experimentiell nachgewiesen. Fossilien entstehen nur dann, wenn Tiere oder Pflanzen sehr schnell verschüttet werden und unter hohen Druck geraten.

Die Schlussfolgerung ist einfach: Alle Fossilien müssen schnell und komplett verschüttet worden sein. Da jede Schicht der "Erdzeitaltertafel" der Evolutionstheorie Fossilien enthält, müssen sich alle diese Schichten radikal schnell und in riesiger Menge abgelagert haben. Damt löst sich die gesamte geologische Erdzeitalter-Datierung in Luft auf. *Jede Schicht, die Fossilien enthält, deutet auf eine schnelle Verschüttung hin und damit auf einen kurzen Zeitrahmen.* Alle fossilhaltigen Schichten stehen nicht für "Millionen Jahre", sondern nur für Tage, Wochen oder bestenfalls Monate und Jahre.

Schöpfungswissenschaftler gehen davon aus, dass diese schnellen Ablagerungen während der Sintflut und bei Folgekatastrophen (Erdbeben, Vulkanausbrüchen, Überflutungen usw.) entstanden sind. Sie setzen für die Bildung der einzelnen "Erdzeitalterschichten" keine Jahrmillionen, sondern nur Monate oder Jahre an. Für dieses schöpfungstheoretische Modell sprechen z.B. *Baumstämme, die in versteinerter Form aufrechtste-*

hend durch mehrere "Erdzeitalter" hindurchreichen. Auch diese Funde sprechen nicht sehr überzeugend für Jahrmillionen lange Ablagerungen. Die Stämme wären längst verrottet.

Die neueste Bestätigung, auf welch wackeligen Füßen die Datierungsmethoden stehen, erbrachte der Ausbruch des *Vulkans Mount St. Helens* 1980 in den USA. Erdschichten von 14 m Dicke wurden in nur *zwei* Tagen abgelagert. Riesige Schlammströme schufen in wenigen Wochen bis zu 200 m tiefe Canyons. Gemäß Evolutionslehre würde man dafür jeweils Millionen Jahre veranschlagen. Verschiedene Gesteinsproben aus diesem Ausbruch (zwei, drei Jahre alt) wurde mit den üblichen Datierungmethoden datiert. Das Ergebnis: *3 bis 4 Millionen Jahre*! Hätten die Schlammströme einige Monate angehalten, hätte man jetzt einen zweiten Grand Canyon, aber ohne Jahrmillionen. Zum Ausbruch des Mount St. Helens kann man eine Dia-Dokumentation ausleihen *(Wort + Wissen, Rosenbergweg 29, 72270 Baiersbronn).*

Beim Ausbruch des Mount St. Helens 1980 in Washington State/USA wurden in wenigen Minuten Wälder auf einer Fläche von 400 Quadratkilometern völlig abrasiert. Es entstanden in wenigen Wochen bis zu 200 m tiefe Canyons - ohne Millionen Jahre.

Ein weiterer Einwand, der oft auch von Christen gegen ein "junges" Alter der Erde und des Universums vorgebracht wird, sind die Millionen bzw. *Milliarden von Lichtjahren entfernten Sterne*. Müssen die Sterne dann nicht auch Milliarden Jahre alt sein?

Nein, denn sie wurden gemäß den Aussagen des Schöpfungsberichts "fertig" geschaffen - also so, dass das Licht bereits bei ihrer Erschaffung die Erde errreichte. Genauso, wie auch Adam und Eva als erwachsene Menschen geschaffen wurden (also mit ihrem seinerzeitigem Lebensalter), wurden die Sterne sozusagen mit ihren "Lichtjahren" geschaffen - also einschließlich ihres Lichtstrahls bis zur Erde.

Der Ingenieur **Werner Gitt** schreibt dazu: "Der Denkansatz "Anzahl der Lichtjahre" = "Mindestalter des Sterns" ist nach Aussage der Bibel falsch ... Der erdnächste Stern, der Alpha-Centauri, ist 4,3 Lichtjahre von der Erde entfernt. Somit wäre er 4,3 Jahre nach der Schöpfung erstmals von der Erde aus sichtbar gewesen ... Dieser Vorgang wäre bis heute noch nicht abgeschlossen" *(Werner Gitt, Fragen, die immer wieder gestellt werden, CLV Bielefeld, 22. Auflage 2009)*.

Der amerikanische Physiker **Russell Humphreys** hat in seinem Buch *„Starlight and Time" (Master Books 1994)* eine Theorie vorgestellt, die von der Relativitätstheorie **Einsteins** ausgeht. Diese besagt, dass die Schwerkraft die Zeit beeinflusst. Es ist eine bekannte Tatsache, dass die Zeit auf Meeresspiegelhöhe messbar langsamer abläuft als auf Berggipfeln. Humphreys nimmt nun an, dass sich die Erde nahe dem Zentrum des Universums befindet und die Zeit hier wesentlich langsamer abläuft als im Universum. Das würde bedeuten, dass ein Tag auf der Erde durchaus Millionen von Jahren im Universum entsprechen könnte. Diese Theorie ist noch nicht ausgereift, macht aber einmal mehr deutlich, dass die Lichtjahr-Entfernungen durchaus kein Zeitmaß darstellen *(Don Batten, Fragen an den Anfang, CLV 2001, S. 98f)*.

Ein weiterer Hinweis, dass mit den Datierungsmethoden einiges nicht stimmen kann, kommt aus der Archäologie. Der Radiologe **Michael Brandt**, der sich seit 25 Jahren mit der Frühgeschichte des Menschen befasst, untersuchte an zahlreichen Fundstätten menschliche Steinwerkzeuge. Verblüffenderweise stammen diese zum Teil aus Erdschichten, *die nach radiometrischen Datierungen 7 bis zu 56 Millionen Jahre alt sein sollen!* Dem "Urmenschen" billigt man aber in der konventionellen Wissenschaft gerade mal zwei Millionen Jahre zu. Da scheint einiges aus dem Ruder zu laufen. Brandt legt seine hochinteressanten Ergebnisse in einem aufwendg illustrierten Buch vor *(Michael Brandt, Vergessene Archäologie, Hänssler Holzgerlingen 2011).*

Die "radiometrisch berechneten" hohen Altersangaben sind also keineswegs bewiesene Tatsache, sondern beruhen auf willkürlichen Vorannahmen. Sie haben nur deshalb den Schein der Wissenschaftlichkeit, weil die Berechnungen der radioaktiven Zerfallsprozesse in sich korrekt sind. Doch ohne Kenntnis der Ausgangsmengen nützen die besten und korrektesten Berechnungen nichts. Alle derartigen "Datierungen" beruhen dann auf Willküranahmen und sind spekulativ.

Leben, das sich von selbst entwickelt ...?

Ein weiterer Grundpfeiler des Evolutionkonzepts ist die *"Selbstorganisation"* von Leben. Mit Selbstorganisation ist gemeint, dass sich leblose Materie von selbst zu Leben "organisieren" könne. Als Instrumente dazu setzt das Evolutionskonzept Zufall, Mutation, Selektion und milliardenlange Zeiträume an.

Informatiker sind anderer Ansicht. Alle Lebensprozesse sind durch *"Information"* in genetischen Codes festgelegt. Diese Informationen müssen von irgendwoher kommen. Sie können nicht von selbst entstehen. *Ohne "Information" kann sich nie etwas von selbst "organisieren".* Der Ingenieur **Werner Gitt** nennt für Information u.a. folgende Gesetzmäßigkeiten: "Information ist wesensmäßig keine materielle, sondern eine geistige Größe

... Mutation und Selektion scheiden als Quellen neuer Information aus" *(Werner Gitt, Am Anfang war die Information, Hänssler Holzgerlingen, 3. Auflage 2002).*

Alle Lebensinformationen sind bereits im genetischen Code der Zelle enthalten. Sie sind von Anfang an dort "programmiert". Das betrifft nicht nur Informationen für *materielle* Strukturen (Körperbau usw.), sondern auch für *nichtmaterielle* Vorgänge (Paarungsverhalten, Brut- und Wanderinstinkte, Schutz- und Tarnreflexe usw.). ***Besonders solche Informationen erfordern immer einen "Informationsgeber" bzw. "Programmierer".*** Sie können nie durch Zufall bzw. "Selbstorganisation" entstehen. Ein "Informationsgeber" findet sich jedoch nur im Schöpfungsmodell - nämlich Gott. Das Evolutionskonzept schließt eine solche Möglichkeit ausdrücklich aus.

Schon die Naturgesetze weisen auf einen Gott hin. Welcher "Zufall" soll denn die Naturgesetze zur "Entwicklung" gebracht haben? Zum Beispiel bewegen sich die Gestirne in festen Bahnen; sie sind "programmiert". Ebenso handeln alle Tiere nach einem Programm - ihrem Instinkt. Einzig der Mensch ist nicht seinen Instinkten unterworfen, sondern kann sich frei entscheiden (daher seine Verantwortung).

Die programmierten Abläufe in der Natur lassen sofort die Frage nach dem "Programmierer" aufkommen. Wer ist der Urheber dafür, dass die Vögel ihre Nester bauen können und ihre "Vogelfluglinien" wissen, obwohl sie dies nie "lernen"? Wieso streben Lachse aus dem Ozean in die heimatlichen Flüsse zurück, um dort zu laichen? Wieso wandern die Aale zum Laichen aus den Flüssen ins Meer? Das ist vom Standpunkt der Evolution total überflüssig und sinnlos. Es gibt weder irgendeine Notwendigkeit noch einen "Evolutionsdruck" zu solchen Wanderzügen.

Wer hat ***Samen, Eier und Keimzellen*** so programmiert, dass daraus Leben entspringt? Schon von der mathematischen Wahrscheinlichkeit her scheidet der "Zufall" der Evolution hierbei völlig aus. Um derart hochkomplizierte Programme herzustellen, genügt kein blinder Zufall. Dazu braucht es höchste Intelligenz und eine exakt planende Persönlichkeit.

Kettenmoleküle von über 100 Gliedern müssten sich per Zufall in genau der richtigen Reihenfolge aneinandereihen, damit nur ein einziger funktionierender Eiweißbaustein entstehen kann Sobald nur ein Molekül in der falschen Reihenfolge andockt, ist die Kette geplatzt. Der amerikanische Wissenschaftler **Duane Gish** schätzt die Wahrscheinlichkeit für ein solches Zufalls-Kettenmolekül bei einem Zeitraum von 4,5 Milliarden Jahren ("geschätztes" Erdalter) auf Null.

Es gibt zahlreiche weitere Gründe, die gegen Evolution sprechen. Sie kommen aus vielen verschiedenen Fachbereichen - Physik, Mathematik, Informatik, Biochemie, Molekularbiologie, Geologie, Paläontologie, Astronomie usw. In einem Buch über die Bibel würden sie den Rahmen sprengen. Sie sind an anderer Stelle übersichtlichtlich und mit zahlreichen Beispielen aufgeführt, darunter 13 Gründe, die Evolution praktisch ausschließen *("Intelligente Planung oder Millionen Zufälle", TPI Hurlach 2008).*

Die unglückseligen "Harmonisierungs-Versuche"

Um Bibel und Evolution irgendwie doch unter einen Hut zu bringen, wurde von theologischer Seite ein "Harmonisierungs-Versuch" gestartet. Bestimmte Theologen schlagen eine *"theistische Evolution"* vor: "Gott habe durch Evolution geschaffen". Aber eine solche Vorstellung geht ebenfalls an den Fakten vorbei:

Wenn Gott per Evolution geschaffen hat, ist er nicht der Gott der Bibel, von dem es am Schluss des Schöpfungsberichts heißt: *"Und Gott sah an alles, was er gemacht hatte, und siehe, es war sehr gut"* (1. Mose 1,31). Fressen und Gefressenwerden, Gewalt, Grausamkeit, Parasitismus, Kannibalismus, Überleben des Stärkeren auf Kosten des Schwächeren ist nicht "sehr gut". Derartige Schöpfungsmechanismen sind grausam und das genaue Gegenteil von "gut". Eine solche Schöpfung als gut zu bezeichnen, ist der blanke Hohn. Auf diese Idee kämen wohl nur wenige, und Gott am wenigsten. Gott hatte sogar Menschen und Tieren vor dem Sündenfall nur pflanzliche Kost als Nahrung gegeben - es musste also noch nicht einmal ein Tier für ein anderes sterben (1. Mose 1, 29-30).

Manche gläubigen Christen wollen Schöpfung und Evolution mit einer "Lücke" zwischen dem ersten und zweiten Satz der Bibel harmonisieren *(Lückentheorie)*: "Am Anfang schuf Gott Himmel und Erde." Nun eine "Lücke" von Milliarden Jahren, in der Satan diese Erde zerstörte und all die Fossilien anfielen - und dann der zweite Satz: "Und die Erde war wüst und leer." Aus "war" machte man "wurde". Erst dann soll die eigentliche, sozusagen "biblische" Schöpfung begonnen haben. Doch die Bibel spielt da nicht mit. In den 10 Geboten steht, dass Gott *"Himmel und Erde in sechs Tagen"* schuf (von Gott eigenhändig auf die Gebotstafeln geschrieben - 1. Mose 20, 11). Himmel und Erde umfassen die gesamte Schöpfung (also das gesamte Universum), und innerhalb der biblischen sechs Tage findet sich nirgends eine Lücke für "Jahrmilliarden".

Die Bibel weist ausdrücklich darauf hin, dass Leid, Tod und Gewalt *erst mit dem Sündenfall* in die Schöpfung kamen. Das geschah in dem Augenblick, als Adam und Eva das einzige Gebot, das Gott ihnen gegeben hatte, übertraten. Es kann also vorher überhaupt noch keine Fossilien gegeben haben, wie es die "Lückentheorie" annehmen muss. Denn man kann die Erdschichten nicht einfach von den darin enthaltenen Fossilien trennen, wie es manche "Lückenanhänger" tun.

Das Evolutionskonzept kennt keinen Sündenfall (und natürlich auch keine Sünde und somit eine Erlösungsbedürftigkeit des Menschen). *Eine "Evolution" benötigt daher weder Vergebung noch eine Umkehr noch Jesus Christus.* Wie wollen Anhänger einer "theistischen Evolution" diese Tatsachen mit der Bibel "harmonisieren"?

Andererseits wollen Evolutionsanhänger in ihrem Konzept überhaupt keinen "Gott" haben. Ihnen geht es ja gerade darum, Entstehung und Entwicklung des Lebens *ohne* Gott zu erklären. Die zahlreichen Widersprüche zwischen dem biblischen Schöpfungsbericht und den Evolutionshypothesen lassen sich in keiner Weise "harmonisieren". Alle Harmonisierungsversuche führen lediglich zu faulen Kompromissen.

Es gibt nur die eine Alternative: *Entweder Bibel oder Evolution.* Beides zusammen geht nicht. Dass eine "Harmonisierung" einfach an den Sachaussagen der beiden Konzepte scheitert, hat in überzeugender Weise der Ingenieur **Werner Gitt**, ehemals Leiter an der Physikalisch-Technischen Bundesanstalt Braunschweig, in dem brillianten Büchlein *"Schuf Gott durch Evolution?" (Hänssler Holzgerlingen, 6. Auflage 1998)* nachgewiesen.

Eines der Hauptargumente im Evolutionskonzept sind die *Ähnlichkeiten* im Bauplan der einzelnen Lebewesen, z.B. zwischen Rindern und Schafen, Affen und Menschen usw. Muss sich deswegen das eine aus dem anderen "entwickelt" haben? Natürlich nicht. Genauso naheliegend ist der Schluss auf den *gleichen Konstrukteur.* Jeder Ingenieur verwendet gemeinsame Konstruktionsprinzipien. Warum nicht auch Gott?

Eine praktisch unüberwindbare Barriere für das Evolutionskonzept stellen die beiden *Hauptsätze der Thermodynamik* dar. Der erste Hauptsatz besagt, dass Materie und Energie nie von selbst entstehen und nie verloren gehen können. Materie kann sich nur in Energie verwandeln und umgekehrt. Auf eine einfache Formel gebracht: *Von nichts kommt nichts.* Alles muss eine erste Ursache haben - und damit einen Verursacher.

Der zweite Hauptsatz der Thermodynamik ist noch vernichtender. Er besagt, dass im gesamten Universum immer die Tendenz zu Abbau, Zerfall, Degeneration besteht - auch *Gesetz der*

Entropie, der zunehmenden Unordnung, genannt. Sterne verglühen, Berge erodieren, Häuser zerfallen, Autos verrosten, Lebewesen altern, heißes Wasser wird kalt usw. Überall nur Entwicklung nach unten statt nach oben. Das gilt sowohl für geschlossene Systeme (Universum) als auch für offene Systeme (Erde). Denn auch wenn die Erde Energie von der Sonne bekommt, kann die Sonne noch so lange auf eine Leiche scheinen, sie wird nicht wieder lebendig. Wenn Lebewesen sich vorübergehend aufwärts entwickeln, liegt das nur an der innewohnenden Information.

Es steht also ein *universell gültiges, wissenschaftlich nachgewiesenes Gesetz*, das noch nie widerlegt werden konnte, gegen eine *Theorie*, die genau das Gegenteil behauptet und noch nie nachgewiesen werden konnte. Wenn die Evolutionslehre von "Aufwärtsentwicklung" redet, rennt sie gegen universell gültige wissenschaftliche Fakten an.

Das Evolutionskonzept besitzt daher *keinerlei Kompetenz*, um biblische Aussagen über die Schöpfung "wissenschaftlich" zu widerlegen. Eine christliche Anbiederung an eine Theorie, die so voller Widersprüche und Ungereimtheiten steckt, ist völlig unnötig. Wenn "moderne" Theologen auf der Grundlage von "Evolution" Aussagen der Bibel zu Märchen und Mythen erklären, müssen sie sich fragen lassen, was eigentlich das Evolutionskonzept von Märchen und Mythen unterscheidet - schließlich besteht es ja vor allem aus Hypothesen.

"Denn Gottes unsichtbares Wesen, das ist seine ewige
Kraft und Gottheit, wird seit der Schöpfung der Welt
aus seinen Werken ersehen, wenn man sie wahrnimmt,
so dass sie keine Entschuldigung haben."
(Römer 1, 20)

DIE BIBLISCHE PROPHETIE - BISHER OHNE FEHLER

In der Bibel finden sich Tausende von prophetischen Voraussagen. Das ist nichts Besonderes, denn Bücher mit Zukunftsvorhersagen gibt es viele - man denke nur an die Voraussagen von **Nostradamus, Edgar Cayce, Jeanne Dixon, Celestine** usw. Aber es gibt zwei Dinge, die die Prophetien der Bibel von den Voraussagen jedes anderen Buches unterscheiden: 1. Die biblischen Prophetien werden stets mit dem Anspruch genauer Erfüllung gegeben. 2. Bisher sind sie diesem Anspruch gerecht geworden.

Das klingt wie Märchen und Fabeln, ist es aber nicht. *Die biblischen Prophetien erbringen einen der stärksten Beweise für die übernatürliche Inspiration der Bibel.* Seit über 3500 Jahren erfüllen sich die Prophetien der Bibel mit unglaublicher Präzision - eine nach der anderen, unaufhaltsam, bis in unsere Zeit. Rund 80% der biblischen Prophetie hat sich bisher erfüllt. *Die bisherige Fehlerquote ist Null.* Die noch ausstehenden Prophetien betreffen endzeitliche Ereignisse, die noch vor uns liegen. Bisher konnte der Bibel noch keine Fehlvorhersage nachgewiesen werden.

Im Folgenden werden Beispiele dafür aufgeführt, die zeigen, mit welch unglaublicher Eindeutigkeit die Bibel ihre Voraussagen trifft. Sie geht damit ein riesiges Risiko ein. Schon eine *einzige Fehlvorhersage* würde den Kritikern den Beweis liefern, dass die Bibel weder zuverlässig noch inspiriert ist. Bisher warten die Kritiker auf einen solchen Beweis vergeblich. Wer daher sehenden Auges den göttlichen Inspirationsbeweis der Bibel durch ihre Prophetien nicht wahrnimmt, muss das schon mit Absicht tun. Dieser Glaubwürdigkeitsbeweis ist zu offenkundig, als dass er einfach übersehen werden könnte.

Die Bibel selbst erklärt ausdrücklich, dass ihre Prophetien als Beweis dafür dienen, dass hinter ihnen Gott steht. Sie selbst macht uns auf diesen Beweis ihrer Echtheit aufmerksam. *Andererseits beglaubigt Gott die Bibel* durch das Erfüllen ihrer prophetischen Voraussagen ausdrücklich als sein Buch.

Auf diesen Zusammenhang weist besonders das Buch **Jesaja** hin. Dort fordert Gott die falschen Propheten ausdrücklich mit genau diesem Argument heraus:

"Verkündigt uns, was hernach kommen wird, damit wir erkennen, dass ihr Götter seid!" (Jesaja 41, 23)

"Ich bin der Herr ..., der die Zeichen der Wahrsager zunichte macht und die Weissager zu Narren; der die Weisen zurücktreibt und ihre Kunst zur Torheit macht; der das Wort seiner Knechte wahr macht und den Ratschluss vollführt, den seine Boten verkündigt haben" (Jesaja 44, 24-26).

"Ich habe von Anfang an verkündigt, was hernach kommen soll, und vorzeiten, was noch nicht geschehen ist. Ich sage: Was ich beschlossen habe, geschieht, und alles, was ich mir vorgenommen habe, das tue ich ... (Jesaja 46, 10-11).

In diesen Worten macht Gott klar, dass er alles, was er durch die biblischen Propheten verkündigen ließ, auch eintreten lässt. *Wir können erwarten, dass alles, was in den biblischen Prophetien geäußert wird, sich erfüllen wird.* Bisher ist dies stets so gewesen. Wir können davon ausgehen, dass das auch für die Zukunft gilt. Es gibt keinen Grund, warum sich das ändern sollte. Dies gilt auch für die Voraussagen auf unsere Zeit.

Nur von daher - weil Gott dahintersteht - wird auch der extrem hohe Anspruch der Bibel verstehbar. Sonst wäre dieser Anspruch einfach nur Anmaßung und Größenwahn. Aber die Bibel macht das Eintreffen bzw. Nichteintreffen einer Prophetie geradezu zum Unterscheidungsmerkmal für göttliche oder nichtgöttliche Inspiration:

"Wenn der Prophet redet im Namen des Herrn und es wird nichts daraus und trifft nicht ein, dann ist das ein Wort, das der Herr nicht geredet hat" (5. Mose 18, 22). Sie legt an ihre Propheten einen strengen Maßstab: das unbedingte Eintreffen aller ihrer Vorhersagen.

An diesem Maßstab sind bisher alle Wahrsager, Hellseher, Zukunftsdeuter, Astrologen und falschen Propheten gescheitert. Noch nie haben Angehörige dieser Gruppen ausschließlich korrekte, fehlerfreie Voraussagen abgegeben. Gelegentliche Treffer - falls sie kein Zufall sind - beweisen nur, dass diese Personen zwar Zugang zu einer übernatürlichen Quelle haben, aber wenn Fehlvorhersagen dabei sind, kann diese Quelle gemäß der biblischen Definition nicht Gott sein.

Bisher ist die biblische Prophetie ihrem Anspruch auf fehlerfreie Erfüllung gerecht geworden. Ob Ereignisse Jahrzehnte, Jahrhunderte oder Jahrtausende (Mose, Daniel) vorhergesagt wurden, sie sind bis in die Einzelheiten genau eingetroffen. Manchmal so präzise, dass bestimmte Theologen behauptet haben, sie seien erst nach dem jeweiligen Ereignis geschrieben worden (so die Prophetien Jesajas und Daniels). Was Daniel z.B. 600 v. Chr. über die vier aufeinanderfolgenden Weltreiche voraussah, verlegten diese Theologen in das Jahr 150 v. Chr. Aber bereits 250 v. Chr. existierte eine griechische Übersetzung des AT, die "Septuaginta", in der bereits das Buch Daniel und alle seine Voraussagen enthalten waren.

Prophetien nach Art der Bibel kennt und wagt keine andere

Religion. *Viele der biblischen Prophetien reichen bis in unsere Zeit und erfüllen sich vor unseren Augen.*

Oft wird der Einwand vorgebracht, die biblischen Voraussagen seien so vieldeutig und unbestimmt, dass man daraus all und jenes herauslesen könne. Gerade das ist aber nicht der Fall (es trifft dagegen genau auf nichtbiblische Propheten wie Nostradamus, Dixon und andere Wahrsager zu). Die Bibel ist hingegen sehr konkret: sie scheut sich nicht, Personen, Städte, Länder, Zeiten, Ereignisse klar beim Namen zu nennen.

Nachstehend werden nun einige besonders prägnante biblische Prophetien herausgegriffen, um einen Eindruck von der Eindeutigkeit dieser Vorhersagen zu vermitteln. Es sind zunächst Gerichtsankündigungen über bestimmte Städte, die Gott aussprechen ließ, weil ihre Bewohner stolz, überheblich, unbarmherzig, egoistisch und habgierig geworden waren.

Vorhersagen über historische Städte

Interessant ist z.B. der Vergleich der biblischen Vorhersagen über die beiden benachbarten Städte Tyrus und Sidon. Beiden Städten wird die oftmalige Zerstörung vorhergesagt - mit einem entscheidenden Unterschied: Tyrus sollte völlig von seinem angestammten Platz verschwinden, Sidon nur oft, aber nie endgültig, zerstört werden.

Tyrus. Tyrus an der Küste Phöniziens (heute Libanon) beherrschte mit seiner Flotte das gesamte Mittelmeer und war das Welthandelszentrum der Antike. Eine stolze, mächtige Stadt, die unangreifbar und unbesiegbar schien. Die Vorhersagen des Propheten **Hesekiel** über Tyrus muteten mehr als unwahrscheinlich an:
"Darum spricht Gott der Herr: Siehe, ich will an dich, Tyrus, und will viele Völker gegen dich heraufführen, wie das Meer seine Wellen heraufführt. Die sollen die Mauern von Tyrus

zerstören und seine Türme abbrechen; ja, ich will sogar seine Erde von ihm wegfegen und einen nackten Fels aus ihm machen ... Denn so spricht Gott der Herr: Siehe, ich will über Tyrus kommen lassen **Nebukadnezar**, den König von Babel ... Er wird mit Sturmböcken deine Mauern umstoßen und deine Türme mit seinen Werkzeugen einreißen" (Hesekiel 26, 3-4; 7+9).

"Sie werden deine Schätze rauben und deine Handelsgüter plündern. Deine Mauern werden sie abrechen und deine schönen Häuser einreißen und werden deine Steine und die Balken und den Schutt ins Meer werfen ... Und ich will einen nackten Fels aus dir machen, einen Platz, an dem man Fischnetze aufspannt, und du sollst nicht wieder gebaut werden ..." (Hesekiel 26, 12+14).

Was ist aus Tyrus geworden?

Es hat sich alles erfüllt. **Nebukadnezar** belagerte Tyrus 13 Jahre lang. Im Jahr 573 v. Chr. eroberte er die Stadt und machte sie dem Erdboden gleich. Vorher waren die Einwohner jedoch mit ihren Schiffen auf eine vorgelagerte Insel geflüchtet und bauten dort eine neue Stadt auf.

333 v. Chr. forderte **Alexander der Große** diese Inselstadt auf, sich zu ergeben. Da sie sich weigerte, begann Alexander einen Damm zu der Insel zu bauen und benutzte dazu Schutt, Mauerwerk und Steine der alten Festlandsstadt. Alles wurde ins Meer geworfen. Die alte Stadt wurde, wie vorhergesagt, ein nackter Fels. Alexander eroberte die Inselstadt.

Die Inselstadt erholte sich zwar wieder von dieser Eroberung, aber es kam im Laufe der Jahrhunderte zu immer neuen Eroberungen. Zuerst durch Antigonos, dann durch die Moslems, dann durch die Kreuzritter und schließlich 1291 n. Chr. wieder durch die Moslems, die die Inselstadt erneut zerstörten. Diese Inselstadt, das heutige Tyrus, hat mit der ursprünglichen Festlandsstadt nur den Namen gemeinsam. Das alte Tyrus wurde nie wieder aufgebaut. Heute leben dort Fischer, die ihre Netze auf dem Fels zum Trocknen ausbreiten. *Die Prophetie, die der Prophet Hesekiel vor ca. 2600 Jahren aussprach, erfüllte sich bis in alle Einzelheiten (Josh McDowell, Bibel im Test, Hänssler*

Holzgerlingen, 8. Auflage 2001. - Die Hintergrundinformationen zu den hier aufgeführten Städtevorhersagen entstammen diesem apologetischen Standardwerk).

Sidon: Auch über die Nachbarstadt von Tyrus, Sidon, ließ Gott durch den Propheten Hesekiel eine Gerichtsbotschaft aussprechen, aber ohne die Ankündigung der völligen Zerstörung:

"So spricht Gott der Herr: Siehe, ich will an dich, Sidon, und will meine Herrlichkeit erweisen in deiner Mitte, damit man erfahren soll, dass ich der Herr bin, wenn ich das Gericht über die Stadt ergehen lasse und an ihr zeige, dass ich heilig bin. Und ich will Pest und Blutvergießen in ihre Gassen schicken, und überall sollen in ihr liegen vom Schwert Erschlagene, und sie sollen erfahren, dass ich der Herr bin" (Hesekiel 28, 22-23).

Sidon wurde im Laufe der Geschichte immer wieder von feindlichen Heeren erobert, allein je dreimal von den Kreuzrittern und Moslems. In ihren Straßen floß viel Blut, aber die Stadt wurde stets wieder aufgebaut. Sidon existiert noch heute an der gleichen Stelle.

Samaria: Samaria war die Hauptstadt der zehn Stämme Israels, die sich von Juda getrennt hatten. Diese zehn Stämme verfielen völlig dem Götzendienst bis hin zu Kinderopfern. In Samaria herrschten Gewalt, Korruption und Ungerechtigkeit. Der Prophet **Micha** kündigte Gottes Gericht über Samaria an: "Ich will Samaria zu Steinhaufen im Felde machen, die man für die Weinberge nimmt, und will seine Steine ins Tal schleifen und es bis auf den Grund bloßlegen ... Und ich will alle seine Götzenbilder zerstören ..." (Micha 1, 6-7).

Alles traf ein - durch die Assyrer. Heute ist Samaria ein Ruinenhaufen, auf dem Felder und Weingärten angelegt sind. Die großen Grundsteine liegen unten im Tal. Es gibt keine Stadt Samaria mehr.

Ninive: Ninive war Hauptstadt des assyrischen Weltreichs. Mit ihren 30 m hohen und 15 m dicken Mauern galt sie als uneinnehmbar. Die Assyrer waren bekannt für ihre Grausamkeit. Auf dem Höhepunkt ihrer Macht erging durch den Propheten **Nahum** folgende Vorhersage an Ninive (Nahum 1, 8; 2, 6-9; 3, 19): Die Eroberung werde in Verbindung mit einer Flut geschehen und die Zerstörung werde endgültig sein ("... deine Wunde wird unheilbar sein").

Alles traf ein: die gewaltigen Stadtmauern brachen während der Belagerung durch die Meder und Babylonier bei einem überdimensionalen Hochwasser des Tigris und verschafften den feindlichen Heeren Einlass. Ninive wurde völlig zerstört und nie wieder aufgebaut.

Babylon: Babylon trat die Nachfolge des assyrischen Reiches an. Babylon war eine riesige Stadt von ca. 500 qkm Grundfläche (22 x 22 km), Zentrum von Handel, Kultur und Wissenschaft, mit 95 m hohen und 27 m breiten Außenmauern. Mitten durch die Stadt floss der Euphrat und bewässerte die Äcker und Gärten. Auch Babylon galt als uneinnehmbar.

Gott benutzte Babylon, um die Völker des Vorderen Orients wegen ihres Götzendienstes zu richten: Die Babylonier zerstörten die ägyptischen Zentren des Götzendienstes Theben (No) und Memphis (Noph) und erfüllten damit eine Prophetie Hesekiels (Hesekiel 30, 13-16). Sie zerstörten auch Jerusalem, das damals ebenfalls massiv Götzendienst betrieb, und führten nahezu das gesamte jüdische Volk in eine *70-jährige Gefangenschaft* nach Babylon - genau, wie es der Prophet **Jeremia** immer wieder vorhergesagt hatte (Jeremia 25, 11-12; 29, 10).

Aber schon bevor dies geschah, hatte Gott auch das Gericht über Babylon schon angekündigt, denn auch Babylon war eine Hochburg des Götzenkults.

Jesaja (13, 19-22; 14, 23) und **Jeremia** (51, 26) sagten Folgendes über Babylon voraus: völlige Zerstörung, nie wieder bewohnt, keine Schafherden dort, nur wilde Tiere, zum Teil Sumpfgebiet, zum Teil Wüste. Zu der Zeit, als dies ausgesprochen wurde, waren diese Vorhersagen mehr als utopisch. Babylon befand sich auf dem Höhepunkt seiner Macht.

Aber alles traf genauso ein: 539 v.Chr. eroberte der persische König **Kyrus** Babylon, indem er den Euphrat umleitete und durch das leere Flussbett in die Stadt eindrang. Wie von Jesaja vorhergesagt, entließ er das jüdische Volk aus der Gefangenschaft und sandte es zurück nach Jerusalem (Jesaja 44, 28; 2. Chronik 36,23). Babylon wurde zerstört und nie wieder aufgebaut. Im Laufe der Jahrhunderte verödete das Land immer mehr und wurde in den tiefer gelegenen Teilen zu Sumpfgebiet.

Chorazin, Betsaida, Kapernaum: Über diese drei Städte am See Genezareth sprach **Jesus** Weherufe aus, weil sie nicht Buße taten, als er dort Zeichen und Wunder wirkte (Matthäus 11, 20-24). Alle drei Städte existieren nicht mehr. Über die vierte Stadt am See, Tiberias, gab er keinen Weheruf ab. Sie existierte noch heute.

Jerusalem: Bei seinen Endzeitvorhersagen sprach **Jesus** auch über Jerusalem ein prophetisches Wort des Gerichts aus. Als seine Jünger ihn auf die Schönheit des Tempels hinwiesen, sagte er: "Seht ihr nicht das alles? Wahrlich, ich sage euch: Es wird hier nicht ein Stein auf dem andern bleiben, der nicht zerbrochen werde" (Matthäus 24, 2).
 Alles erfüllte sich genau: Als 70 n. Chr. das römische Heer Jerusalem eroberte und zerstörte, wurde auch der Tempel angezündet. Bei der Suche nach dem geschmolzenen Kuppelgold wurde jeder Stein des Tempels abgetragen.

Bei Vorhersagen dieser Art entfällt ein wichtiges Gegenargument, das Skeptiker, Atheisten und "moderne" Theologen immer wieder vorbringen: Die Prophetien mitsamt ihren Erfüllungen seien lediglich von frommen Schreibern erdacht worden. Sie sollten die Leute beeindrucken und zum Glauben zu bringen.

Wenn aber für Städte wie Tyrus, Samaria, Ninive und Babylon die völlige Vernichtung vorhergesagt wird, und diese

Städte dann wirklich verschwinden, und wenn für Städte wie Sidon, Jerusalem usw. nur Eroberung, aber nicht Vernichtung vorhergesagt wird, und diese Städte heute noch existieren, werden derartige Gegenargumente klar widerlegt. Der Beweis liegt offenkundig auf der Hand. Noch dazu, wo die Archäologie das frühere Vorhandensein der verschwundenen Städte inzwischen eindeutig bestätigt hat.

Vorhersagen über das Land und Volk Israel

Das Schicksal Israels wurde bereits vor 3500 Jahren von **Mose** und danach mehrfach von Propheten des AT um 600 v. Chr. genauestens vorhergesagt. Wenn man bedenkt, um was für ungeheure Zeiträume es sich dabei handelt, und dass sich diese Prophetien bis in die Einzelheiten erfüllt haben, spricht allein dies schon für ihre göttliche Herkunft. Dass man mit irgendwelchen "J-E-D-P"-Redakteuren derartige Prophetien nicht zustandebringen kann, müsste auch den "modernsten" bibelkritischen Theologen einleuchten. Prophetien dieser Art können nur von göttlich autorisierten und inspirierten Propheten stammen.

Für die Echtheit und wahrheitsgemäße Überlieferung dieser Prophetien spricht außerdem, dass sie sich zum großen Teil gegen Israel richten und das Gericht über Israels Sünden ankündigen. Bei einer Fälschung würden die Autoren wohl strikt davon absehen, vor aller Welt einen kompletten Katalog ihrer eigenen Sünden auszubreiten.

Ungefähr 1400 v. Chr. sprach **Mose** die gewaltigen prophetischen Vorhersagen aus, die sich später alle so tragisch im Schicksal Israels erfüllen sollten. Er legte dem Volk Segen und Fluch vor (5. Mose 28). Wie wir heute wissen, wählte Israel den Fluch:

"Wenn du nun der Stimme des Herrn, deines Gottes, gehorchen wirst, dass du hältst und tust alle seine Gebote, ... so werden über dich kommen alle diese Segnungen ..." (1-2). Es folgt eine Aufzählung von Segnungen, die Israel auch erlebte, aber nur in solchen Zeiten, wo es dem Herrn folgte.

"Wenn du aber der Stimme des Herrn, deines Gottes, nicht gehorchen wirst, ... so werden alle diese Flüche über dich kommen und dich treffen (35): ... deine Söhne und Töchter werden einem anderen Volk gegeben werden (32) ... Und du wirst zum Entsetzen, zum Sprichwort und zum Spott werden unter allen Völkern, zu denen der Herr dich treibt (37) ... *Denn der Herr wird dich zerstreuen unter alle Völker von einem Ende der Erde bis ans andere* (64) ... Dazu wirst du unter jenen Völkern keine Ruhe haben ... und dein Leben wird immerdar in Gefahr schweben; Nacht und Tag wirst du dich fürchten und deines Lebens nicht sicher sein ..." (65-66).

Israel wählte den Fluch und schlug auch weitere Warnungen späterer Propheten in den Wind. Gott wiederholte die gleiche Warnung auch bei der Einweihung des ersten Tempels durch Salomo:
"Werdet ihr euch aber von mir abwenden ... so will ich Israel ausrotten aus dem Land, das ich ihnen gegeben habe ... und Israel wird ein Spott und Hohn sein unter allen Völkern" (1. Könige 9, 6-7). Wir wissen heute, wie schrecklich sich dieser Fluch in der Geschichte Israels und der Juden erfüllt hat.

Doch schon Mose sagte auch das Ende dieses Fluches und die *künftige Rückführung der Juden* in ihr angestammtes Land voraus (5. Mose 30):
"Wenn nun dies alles über dich kommt, es sei der Segen oder der Fluch, die ich dir vorgelegt habe, und du es dir zu Herzen nimmst ... und dich bekehrst zu dem Herrn, deinem Gott ... so wird der Herr, dein Gott, ... sich deiner erbarmen und dich wieder sammeln aus allen Völkern, unter die dich der Herr, dein Gott, verstreut hat (1-3) ... und wird dich in das Land bringen, das deine Väter besessen haben, und du wirst es einnehmen, und er wird dir Gutes tun und dich zahlreicher machen, als deine Väter waren (5)

132

... Aber alle diese Flüche wird der Herr, dein Gott, auf deine Feinde legen und auf die, die dich hassen und verfolgen" (7).

In gleicher Weise bestätigten auch spätere Propheten die Rückführung der Juden aus allen Völkern und Ländern und "von den Enden der Erde":

"Ich will sie aus allen Völkern herausführen und aus allen Ländern sammeln und will sie in ihr Land bringen und will sie weiden auf den Bergen Israels" (Hesekiel 34, 13).

"Ich will vom Osten deine Kinder bringen und dich vom Westen her sammeln, ich will sagen zum Norden: Gib her! und zum Süden: Halte nicht zurück! Bring her meine Söhne von ferne und meine Töchter vom Ende der Erde" (Jesaja 43, 5-6).

"Siehe, ich will sie aus dem Lande des Nordens bringen und will sie sammeln von den Enden der Erde ... Der Israel zerstreut hat, der wird es auch wieder sammeln" (Jeremia 31, 8+10).

Als das *"Land des Nordens"* sehen viele Bibelausleger Russland und die GUS-Länder an. Bis ca. 1980 lebten in diesen Gebieten über zwei Millionen Juden. Seither sind rund eine Million von ihnen nach Israel zurückgekehrt. Dieser sogenannte "zweite Exodus" hält nach wie vor an (der erste Exodus war der aus Ägypten etwa 1450 v. Chr.). Im Zusammenhang mit dem "Land des Nordens" ist eine weitere Prophetie interessant:

"Darum siehe, es kommt die Zeit, spricht der Herr, dass man nicht mehr sagen wird: So wahr der Herr lebt, der die Israeliten aus Ägyptenland geführt hat, sondern: So wahr der Herr lebt, der die Israeliten geführt hat aus dem *Lande des Nordens und aus allen Ländern*, wohin er sie verstoßen hatte. Denn ich will sie zurückbringen in das Land, das ich ihren Vätern gegeben habe" (Jeremia 16, 14-15).

Dieses prophetische Wort hat sich bisher noch nicht erfüllt. Damit entfällt das Argument bestimmter Theologen, die behaupten, alle Rückkehrverheißungen hätten sich bereits mit Israels Rückkehr aus der 70-jährigen Babylonischen Gefangenschaft erfüllt. Dass dies keineswegs so ist, wird an der folgenden

Prophetie noch deutlicher:

"Denn ich will die Gefangenschaft meines Volkes Israel wenden, dass sie die verwüsteten Städte wieder aufbauen und bewohnen sollen ... Denn ich will sie in ihr Land pflanzen, *dass sie nicht mehr aus ihrem Land ausgerottet werden*, das ich ihnen gegeben habe, spricht der Herr, dein Gott" (Amos 9, 14-15).

Nach der Rückkehr aus Babylon wurde Israel sehr wohl wieder aus seinem Land "ausgerottet", nämlich von den Römern im Jahre 70 n. Chr. nach dem jüdischen Aufstand (der Überrest dann im Jahre 132 n. Chr. radikal und endgültig). Die Verheißung kann sich also nicht auf die Rückkehr aus Babylon beziehen, sondern nur auf die Rückkehr aus der weltweiten Zerstreuung unter alle Völker. Diese Rückkehr geschah erst im Laufe des 20. Jahrhunderts und führte zur Neugründung des Staates Israel im Jahr 1948. Erst für diese Zeit gilt die göttliche Zusage, dass Israel nicht mehr aus seinem Land vertrieben wird.

Noch Ende des 19. Jahrhunderts schien jede Prophetie über eine Rückkehr der Juden nach Israel und die Errichtung eines eigenen jüdischen Staates reinste Phantasie und ohne jede Aussicht auf Erfüllung. Die meisten Theologen hatten die Verheißungen für Israel längst auf die christliche Kirche übertragen und Israel für immer abgeschrieben. Es blieb nur eine winzige Minderheit übrig, die die Aussagen der Bibel durch alle Jahrhunderte so wörtlich nahm, dass sie an einer wirklichen, konkreten Neuentstehung des Staates Israel festhielt.

1886 schrieb **Theodor Herzl** sein Buch "Der Judenstaat". Ein Jahr später fand in der Schweiz der erste Zionistenkongress statt. Auf diesem Kongress wurde der Gedanke einer Neugründung Israels erstmals konkret ins Auge gefasst. Nur 50 Jahre später wurde diese Vision Realität. Am 14. Mai 1948 wurde der Staat Israel ausgerufen. *Damit erfüllte sich die Verheißung, die bereits Mose vor dreieinhalb Jahrtausenden ausgesprochen hatte.*

Es erfüllte sich aber noch eine andere Prophetie, die mindestens genauso unwahrscheinlich schien: "Wer hat solches je gehört? Wer hat solches je gesehen? Ward ein Land *an einem Tag* geboren? Ist ein Volk auf einmal zur Welt gekommen? Kaum in Wehen, hat Zion schon ihre Kinder geboren" (Jesaja 66, 8).

Diesen Tag seiner Geburt erlebte Israel am 14. Mai 1948. Es stand sofort einer vielfachen Übermacht von Feinden gegenüber. Vom Tag der Unabhängigkeitserklärung an befand es sich im Krieg. Die Überlebensaussichten waren minimal. Aber das Unglaubliche geschah: Der neue Staat Israel überlebte.

Damit erfüllte sich auch der letzte Teil dessen, was die Bibel bereits vor 3500 Jahren vorhergesagt hatte - nach der Zerstreuung der Juden unter alle Völker und der Rückkehr in das eigene, ursprüngliche Land die Neugründung eines eigenen Staates.

Selbst die neue Fruchtbarkeit des Landes ist vom Propheten **Hesekiel** vorhergesagt worden:

"Das verwüstete Land soll wieder gepflügt werden, nachdem es verheert war vor den Augen aller, die vorüberzogen. Und man wird sagen: dies Land war verheert, und jetzt ist es wie der Garten Eden ..." (Hesekiel 36, 34-35).

Nach der Zerstreuung der Juden war das Land für über ein Jahrtausend zur Wüste geworden, weil von den beiden jährlichen Regenzeiten plötzlich eine ausblieb. Erst mit Beginn des 20. Jahrhunderts (als zunehmend Juden in das Land zurückkehrten) setzten wieder Früh- und Spätregen ein. Das Land wurde wieder fruchtbar. Heute bringt Israel einen Großteil seiner Einnahmen durch den Export von Nahrungsmitteln ein.

Ein Volk, das nahezu 2000 Jahre ohne eigenen Staat und eigene Sprache in der ganzen Welt zerstreut war, existiert wieder als Staat im eigenen, historischen Land - wie von der Bibel vorhergesagt. Eine ähnliche Vorhersage und ein ähnliches Schicksal lässt sich für kein anderes Volk der Menschheitsgeschichte finden.

Die Voraussagen auf Jesus Christus

Einen weiteren eindruckvollen und "menschenunmöglichen" Beweis für die Inspiration der Bibel stellen die AT-Prophetien auf den künftigen Messias dar. Es ist allgemein bekannt und anerkannt, dass das Alte Testament zirka 400 Jahre vor der Geburt von Jesus Christus abgeschlossen war. Ebenso ist allgemein anerkannt, dass Jesus Christus eine historische Person war, die wirklich gelebt hat. Auch wenn die "modernen" Theologen alle Wunder von Jesus abgeschafft haben, erkennen sie zumindest seine historische Existenz (noch) an. Zwar nicht als Gottes Sohn, sondern nur als guten Menschen, Wanderprediger und prophetisch begabten Heiler, aber immerhin.

Doch es bleibt das Geheimnis dieser Theologen, wie sie an den zahlreichen Prophetien vorbeikommen wollen, die sich alle im Leben von Jesus erfüllt haben und die in jeder Bibel nachzulesen sind. Allein diese Prophetien machen schon klar, dass es mit dem Leben von Jesus etwas Besonderes auf sich haben muss. Denn wo sonst in der Menschheitsgeschichte findet sich *der Lebenslauf eines Menschen schon im voraus niedergeschrieben* und erfüllt sich dann nach seiner Geburt bis in alle Einzelheiten?

Dies ist nur im Leben von Jesus der Fall. Es zeigt, dass Jesus kein nur gewöhnlicher Mensch gewesen sein kann (und dass auch die Bibel kein nur gewöhnliches menschliches Buch sein kann). Wer die erfüllten Prophetien auf Jesus Christus übersieht, muss sich fragen lassen, ob er noch objektiv und rational urteilt. Gerade der Vorwurf, den "moderne" Theologen oft an bibeltreue Gläubige richten, nämlich sie seien nicht rational, fällt hier auf sie selbst zurück. Die Erfüllung der biblischen Prophetien im Leben von Jesus ist nur dann zu übersehen, wenn man Vernuft und Logik ausblendet.

Es gibt im Alten Testament ca. 300 prophetische Bibelverse,

die auf den jüdischen "Messias" deuten, und die sich ausnahmslos im Leben von Jesus Christus erfüllt haben. Das beginnt schon mit der genauen Festlegung seiner Herkunftslinie und endet mit den Geschehnissen bei und nach seinem Tod. Die markantesten dieser Vorhersagen werden nachfolgend aufgeführt:

Die Herkunft nach Stamm (Juda), Geschlecht (Isai) und Haus (David):

"Es wird das Zepter von Juda nicht weichen noch der Stab des Herrschers von seinen Füßen, bis dass der Held komme, und ihm werden alle Völker anhangen" (1. Mose 49, 10).

"Und es wird ein Reis hervorgehen aus dem Stamm Isais und ein Zweig aus seiner Wurzel Frucht bringen. Auf ihm wird ruhen der Geist des Herrn ..." (Jesaja 11, 1-2).

"Siehe, es kommt die Zeit, spricht der Herr, dass ich dem David einen gerechten Spross erwecken will. Der soll ein König sein, der wohl regieren und Recht und Gerechtigkeit im Lande üben wird" (Jeremia 23, 5).

Erfüllung: "Held", "Reis" und "Spross" sind bildhafte Umschreibungen auf den Messias. Wie später aus dem Stammbaum von Jesus ersichtlich wurde, kam er sowohl nach der rechtlichen Linie seines Ziehvaters Josef (Matthäus 1, 1-17) als auch nach der blutsmäßigen Linie seiner Mutter Maria (Lukas 3, 23-38) aus dem Hause Davids, dem Geschlecht Isais und dem Stamm Juda.

Er wird von einer Jungfrau geboren werden:

"Siehe, eine Jungfrau ist schwanger und wird einen Sohn gebären, den wird sie nennen Immanuel" (Jesaja 7, 14).

Erfüllung: "Maria sprach zu dem Engel: Wie soll das zugehen, da ich doch von keinem Mann weiß? Der Engel antwortete und sprach zu ihr: Der heilige Geist wird über dich kommen, und die Kraft des Höchsten wird dich überschatten; darum wird auch das Heilige, das geboren wird, Gottes Sohn genannt werden" (Lukas 1, 34-35).

Geburtsort Bethlehem:

"Und du, Bethlehem Efrata, die du klein bist unter den Städten in Juda, aus dir soll mir kommen, der in Israel Herr sei, dessen Ausgang von Anfang und von Ewigkeit her gewesen ist" (Micha 5, 1).

Erfüllung: "Als Jesus geboren war in Bethlehem in Judäa zur Zeit des Königs Herodes ..." (Matthäus 2, 1).

Gleichzeitig deutet die Aussage "von Ewigkeit her gewesen" auf die ewige Präexistenz von Jesus hin.

Ankündigung durch eine Stimme in der Wüste:

"Es ruft eine Stimme: In der Wüste bereitet dem Herrn den Weg, macht in der Steppe eine ebene Bahn unserem Gott!" (Jesaja 40, 3).

Erfüllung: "Zu der Zeit kam Johannes der Täufer und predigte in der Wüste von Judäa und sprach: Tut Buße, denn das Himmelreich ist nahe herbeigekommen!" (Matthäus 3, 1-2).

Verraten für 30 Silberlinge, das Geld in den Tempel geworfen:

"Und ich sprach zu ihnen : Gefällt's euch, so gebt her meinen Lohn; wenn nicht, so lasst es bleiben. Und sie wogen mir den Lohn dar, 30 Silberstücke. Und der Herr sprach zu mir: Wirf's hin dem Schmelzer! Ei, eine treffliche Summe, deren ich wert geachtet bin von ihnen! Und ich nahm die 30 Silberstücke und warf sie in das Haus des Herrn, dem Schmelzer hin" (Sacharia 11, 12-13).

Erfüllung: "Da ging einer von den Zwölfen, mit Namen Judas Iskariot, hin zu den Hohenpriestern und sprach: Was wollt ihr mir geben? Ich will ihn euch verraten. Und sie boten ihm 30 Silberlinge" (Matthäus 26, 14-15). "Als Judas ... sah, dass er (Jesus) zum Tode verurteilt war, reute es ihn ... Und er warf die Silberlinge in den Tempel, ging fort, und erhängte sich ... Sie beschlossen aber, den Töpferacker davon zu kaufen zum Begräbnis für Fremde" (Matthäus 27, 3-7).

Geschlagen und angespien:

"Ich bot meinen Rücken dar denen, die mich schlugen, und

meine Wangen denen, die mich rauften. Mein Angesicht verbarg ich nicht vor Schmach und Speichel" (Jesaja 50, 6).

Erfüllung: "Da gab er ihnen Barabbas los, aber Jesus ließ er geißeln ... Da nahmen die Soldaten des Statthalters Jesus mit sich ... und spien ihn an und nahmen ein Rohr und schlugen damit sein Haupt" (Matthäus 27, 26-30).

Von seinem Volk verachtet und abgelehnt:

"Er war der Allerverachteste und Unwerteste, voller Schmerzen und Krankheit ..." (Jesaja 53, 3).

Erfüllung: "Pilatus sprach: Was hat er denn Böses getan? Aber sie schrien noch viel mehr: Kreuzige ihn!" (Markus 15, 14).

Hände und Füße durchbohrt:

"Der bösen Rotte hat mich umringt; sie haben meine Hände und Füße durchgraben" (Psalm 22, 17).

Erfüllung: Sie nahmen ihn aber; und er trug sein Kreuz und ging hinaus zur Stätte, die da heißt Schädelstätte, auf Hebräisch Golgatha. Dort kreuzigten sie ihn ..." (Johannes 19, 17-18).

Als David 1000 Jahre vor Christi Geburt den prophetischen Psalm 22 schrieb, war eine Todesstrafe durch Kreuzigung noch völlig unbekannt. Sie wurde erst von den Römern eingeführt.

Die Verlosung seines Gewandes:

"Sie teilen meine Kleider unter sich und werfen das Los um mein Gewand" (Psalm 22, 19).

Erfüllung: "Als aber die Soldaten Jesus gekreuzigt hatten, nahmen sie seine Kleider ... dazu auch sein Gewand. Das aber war ungenäht, von oben an gewebt in einem Stück. Da sprachen sie untereinander: Lasst uns das nicht zerteilen, sondern darum losen ..." (Johannes 19, 23-24).

Galle und Essig zu trinken:

"Sie gaben mir Galle zu essen und Essig zu trinken für meinen Durst" (Psalm 69, 22).

"... gaben sie ihm Wein zu trinken mit Galle vermischt; und als er's schmeckte, wollte er nicht trinken" (Matthäus 27, 34).

Kein Bein zerbrochen:

"Er bewahrt ihm alle seine Gebeine, dass nicht eines zerbrochen wird" (Psalm 34, 21).

Erfüllung: "Als sie aber zu Jesus kamen und sahen, dass er schon gestorben war, brachen sie ihm die Beine nicht" (Johannes 19, 33).

Weil es der Tag vor dem Sabbat war und die Leichname vor dem Sabbat abgenommen werden mussten, zerschlug man den Gekreuzigten die Beine, damit sie sich nicht mehr abstützen konnten und so in kurzer Zeit erstickten. Das taten die Soldaten bei den beiden Verbrechern, aber nicht bei Jesus, weil er schon tot war.

Vorgeschattet ist diese Situation bereits in den Anweisungen, die Gott dem Mose für das Schlachten des Passalammes gab: "Ihr sollt keinen Knochen an ihm zerbrechen" (2. Mose 12, 46). In Jesus als dem "Lamm Gottes" erfüllte sich auch diese Anweisung.

In die Seite gestochen:

"Und sie werden mich ansehen, den sie durchbohrt haben, und sie werden um ihn klagen ..." (Sacharja 12, 10).

Erfüllung: "Einer der Soldaten stieß mit dem Speer in seine Seite, und sogleich kam Blut und Wasser heraus" (Joh. 19, 34).

Sein Grab bei Gottlosen und Reichen:

"Und man gab ihm sein Grab bei Gottlosen und bei Reichen, als er gestorben war ... " (Jesaja 53, 9).

Erfüllung: "Am Abend aber kam ein reicher Mann aus Arimathäa, der hieß Josef und ... nahm den Leib und wickelte ihn in ein reines Leinentuch und legte ihn in sein eigenes neues Grab ..." (Matthäus 27, 57-60).

Jesus wurde zwar mit zwei Verbrechern gekreuzigt, aber im Grab eines reichen Mannes beerdigt.

Die 70 Jahrwochen Daniels:

Selbst der Zeitpunkt der Kreuzigung Jesu wird im AT durch den Propheten Daniel vorhergesagt:

"So wisse nun und gib Acht: Von der Zeit an, als das Wort

erging, Jerusalem werde wieder aufgebaut werden, bis ein Gesalbter, ein Fürst, kommt, sind es sieben Wochen; und 62 Wochen lang wird es wieder aufgebaut sein mit Plätzen und Gräben, wiewohl in kummervoller Zeit" (in englischen Übersetzungen heißt es präziser: "... sind es sieben Wochen und 62 Wochen; es wird wieder aufgebaut sein mit ..."

"Und nach den 62 Wochen wird ein Gesalbter ausgerottet werden und nicht mehr sein. Und das Volk eines Fürsten wird kommen und die Stadt und das Heiligtum zerstören ..." (Daniel 9, 25-26).

Der Erlass, dass Jerusalem wieder aufgebaut werden sollte, erfolgte im Jahr 445 v. Chr. durch Artaxerxes (Nehemia 2, 1f). Der Zusammenhang macht deutlich, dass mit den Wochen Daniels Jahrwochen gemeint sind. Es handelt sich also um insgesamt 69 Jahrwochen, d. h. *483 Jahre*. Da das jüdische Jahr nur mit 360 Tagen gezählt wurde, ergeben 483 Jahre, ausgehend von 445 v. Chr., das Jahr *32 n. Chr.* In diesem Jahr wurde in Jerusalem "ein Gesalbter ausgerottet" - Jesus. Wenige Jahrzehnte später kam der "Fürst", der Jerusalem und das Heiligtum zerstörte. Das geschah 70 n. Chr. durch den römischen Feldherrn Titus.

Für die Juden, die ja Jesus bis heute nicht als ihren Messias erkennen, ist beachtenswert, *dass gemäß dieser alttestamentlichen Prophetie der Messias bereits vor der Zerstörung Jerusalems kommen musste.* Das Gleiche geht auch aus einer Prophetie Maleachis hervor: "Und bald wird kommen *zu seinem Tempel* der Herr, den ihr sucht ..." (Maleachi 3,1).

Schon die Wahrscheinlichkeit, dass nur diese wenigen Prophetien sich im Leben eines einzigen Mannes erfüllen würden, ist astronomisch klein. Aber es gibt noch weit mehr Voraussagen auf den Messias. Es bleibt die Frage: Wie können Jahrhunderte alte Voraussagen so genau eintreffen?

Atheisten, Evolutionisten und "moderne" Theologen erklären dies mit "Zufall" und "nachträglichen Einfügungen". Aber wenn konkrete Voraussagen auf eine Person 430 Jahre vor der Geburt dieser Person schriftlich in einem wohlbekannten und weitverbreiteten Text, nämlich dem Alten Testament, festgelegt sind, kann man nicht nachträglich noch schnell "Erfüllungen" hineinschreiben. Das hätte ohnehin erst nach den Ereignissen, also nach der Kreuzigung von Jesus, geschehen können. Doch bereits 250 Jahre vor seiner Geburt existierte die griechische Übersetzung des Alten Testaments, die Septuaginta, in der ebenfalls schon alle messianischen Prophetien enthalten waren.

Für nachträgliche Einfügungen gab es also keine Chance. Und der Zufall? Das scheint eher ein Argument der Hilflosigkeit.

Voraussagen für unsere Zeit

Bestimmte Voraussagen gehen von der Wiederanwesenheit Israels im eigenen Land aus. Das lässt sich aus folgenden Bibelstellen entnehmen, die an Israel gerichtet sind:

- *Jesus wird bei seinem zweiten Kommen auf dem Ölberg stehen,* und der Ölberg wird sich spalten (Sacharja 14, 4).

- *Jerusalem wird zum Taumelbecher für alle Völker werden,* denn es werden sich alle Völker gegen Jerusalem versammeln (Sacharja 12, 2-3).

- *das "Greuelbild der Verwüstung" wird im Tempel stehen.* Dazu muss jedoch der Tempel in Jerusalem vorher wieder aufgebaut sein (Daniel 9, 27; Matthäus 24, 15).

Alle diese Ereignisse sind noch nicht eingetreten und konnten auch nicht eintreten, solange Israel noch nicht wieder im eigenen Land wohnte. Das ist erst seit 1948 der Fall. Die Erwartung der Wiederkunft von Jesus Christus vor dieser Zeit war also biblisch gesehen unrealistisch. Bei der vorhergesagten Wiederkunft von Jesus wird Jerusalem wieder den Juden gehören. Alle prophetischen Voraussagen, die von der Wiederanwesenheit der Juden in Israel ausgehen, müssen also für die Zeit *nach 1948* angesetzt werden. Das aber betrifft unsere Zeit.

Zu diesen Voraussagen gehören die von Jesus im "Endzeit-Kapitel" Matthäus 24 genannten *"Zeichen der Zeit"*. Jesus spricht dort von großen Nöten und Verführungen, die seiner Wiederkunft vorausgehen werden. Den abschließenden Höhepunkt dieser Bedrängnisse bildet offensichtlich eine dreieinhalbjährige "große Trübsal" (die Hälfte der letzten Jahrwoche; siehe Daniel 9, 27 und Offenbarung 13, 5), in der ein *Weltdiktator, zunächst als Friedensstifter bejubelt,* die Welt in eine furchtbare Katastrophe führen wird. Eine völlige Vernichtung wird nur durch die sichtbare Wiederkunft von Jesus verhindert.

Jesus vergleicht diese Zeiten der Bedrängnisse mit *Geburtswehen*. Wie diese lassen sie zwar zwischenzeitlich immer wieder nach, setzen aber nur um so stärker wieder ein. Ihr Kennzeichen ist ein periodisches Auftreten mit zunehmender Intensität.

Er nennt folgende Zeichen, die seiner Wiederkunft vorausgehen: Kriege, Aufstände, Hungersnöte, Erdbeben, Christenverfolgung, religiöse Verführung, Gesetzlosigkeit, Hartherzigkeit, Weltmission (Matthäus 24, 3-14).

Viele dieser Zeichen lassen sich durch alle Jahrhunderte verfolgen, aber ihre *weltweite Zunahme* ist besonders für unsere Zeit charakteristisch. Sie treten in immer größerem Ausmaß und immer globaler auf - u.a. Kriege, Aufstände, Hungersnöte. Das betrifft auch menschlich nicht verursachbare Ereignisse wie *Erdbeben*. Die Zahl und Stärke der Erdbeben hat nachweisbar seit Beginn des 20. Jahrhunderts von Jahrzehnt zu Jahrzehnt zugenommen. Dies ist nicht einfach auf die verfeinerten Messmethoden zurückzuführen, sondern ist eine reale Zunahme sowohl nach Zahl als auch Stärke. Dazu gehören u.a. auch die verheerenden Tsunamis vor Indonesien und Japan. Versicherungsgesellschaften wie die "Münchner Rück" vermelden schon lange einen dramatischen Anstieg der Großkatastrophen.

Bei *"Gesetzlosigkeit/Hartherzigkeit"* ist der Nachweis nicht konkret messbar, aber wenn wir uns bewusst machen, was in diesem Begriffspaar alles enthalten ist, sehen wir auch hier eine deutliche Zunahme in vielen Indizien:

Ungerechtigkeit bis in richterliche Urteile hinein, eine rasant anwachsende Kriminalität, der moralische Verfall mit Pornographie, Perversionen, Abtreibungen, Horrordarstellungen, Kinderschändungen usw., zunehmende Brutalität, Unmenschlichkeit, Gewalt, Terrorismus, Korruption in allen Gesellschaftsschichten und auf allen Kontinenten. Eine Zunahme dieser Verhaltensweisen geschieht weltweit und ist nicht zu übersehen.

Das Gleiche lässt sich auch von *"religiöser Verführung"* sagen. Davon gibt es heute eine wahre Flut: Irrlehren, Kulte, Sekten, Okkultismus, Esoterik, Satansanbetung, Gotteslästerung, Ufologie, Astrologie, Spiritismus, Wahrsagerei, Magie, Geistheiler, Schamanen, Zauberer, Hexen, falsche Propheten und falsche Christusse - und das alles nicht im Dschungel und unter "Primitiven", sondern in unserer modernen, "aufgeklärten" High Tech-Gesellschaft. Lässt sich dies auf unsere Zeit deuten? Wahrscheinlich leichter als auf jede andere Zeit.

In Daniel 7 und Offenbarung 13 wird für die Zeit, in der Israel wieder als Staat existiert, das Wiederaufleben des römischen Weltreichs, bestehend aus 10 Hörnern, prophezeit. Über diese Vorhersagen wird viel gerätselt. Wird auf dem Boden des altrömischen Gesamtreiches einmal ein Staatenbund entstehen? Spielt hierbei die EU eine Rolle, die auf den "Römischen Verträgen" gründet? Oder geht es um 10 Weltregionen? Das ist noch sehr spekulativ.

Was wir jedoch mit Gewissheit wissen können, ist dies: Die biblischen Prophetien haben sich bisher immer korrekt erfüllt. Wir können auch in Zukunft erwarten, dass sie sich erfüllen werden. Wie dies im Einzelnen aussehen wird, lässt sich nicht exakt voraussagen, aber es wird geschehen.

Die alttestamentlichen Propheten stießen mit ihren Voraussagen schon immer auf Unglauben. Das ist heute nicht anders, obwohl sich schon viel erfüllt hat.

Es gibt eine Verheißung des Propheten **Habakuk**, die sich auf alle biblischen Prophetien anwenden lässt: "Die Weissagung wird ja noch erfüllt werden zu ihrer Zeit und wird endlich frei an den Tag kommen und nicht trügen. Wenn sie sich auch hinzieht, so harre ihrer; sie wird gewiss kommen und nicht ausbleiben" (Habakuk 2, 3).

"Das Wort Gottes ist lebendig und
kräftig und schärfer als jedes zwei-
schneidige Schwert, und dringt durch, bis
es scheidet Seele und Geist, auch Mark
und Bein, und ist ein Richter der Gedanken und Sinne des Herzens."
(Hebräer 4, 12)

DER SUBJEKTIVE BEWEIS: DIE PERSÖNLICHE ERFAHRUNG

Die Bibel ist kein theoretisches Buch. Sie spricht uns persönlich an. Ihr Hauptziel ist nicht unser Kopf, sondern unser Herz. Sie will uns den Blick für die göttliche Dimension öffnen. Sie will uns die Illusion über unser Gutsein nehmen und uns das Rettungswerk von Jesus offenbaren. Erst wenn wir unsere Verlorenheit erkennen, wissen wir, worum es wirklich geht.

Die Bibel will uns letztlich wachrütteln. Das haben wir auch nötig, weil wir uns nämlich über unsere tatsächliche Situation gewöhnlich wenig Gedanken machen. In der Regel leben wir so, als sei alles in Ordnung. Dabei ist aus Gottes Sicht gar nichts in Ordnung - auch nicht durch die Taufe. Und da Gott die einzig wirklich reale Sicht hat, ist es gut, darüber informiert zu sein.

Dazu verhilft die Bibel, und zwar auf sehr anschauliche und manchmal drastische Weise. Sie zerreißt den Schleier vor unseren Augen. Durch die Bibel können wir uns so sehen, wie wir wirklich sind. *Aber die Bibel ist auch das Buch, das Hoffnung und Gewissheit vermittelt - weil der Gott, der hinter ihr steht, real und erfahrbar ist.* Wäre dieser Gott nicht persönlich erfahrbar, würde sich die Bibel in nichts von anderen Büchern unterscheiden. Aber so ist die Bibel ein lebendiges Buch, denn sie vermittelt Leben, und zwar auf erfahrbare Weise.

An diesem Leben sollen und müssen wir Anteil erhalten, wenn wir eine gute Zukunft erreichen wollen. Geschieht das nicht, verfehlen wir den eigentlichen Sinn unseres Lebens. Die Bibel macht immer wieder klar, dass wir von uns aus nie das Maß Gottes erreichen können. Aber sie zeigt auch, dass Gott uns entgegenkommt. Sie zeigt uns Gott als einen anteilnehmenden und erfahrbaren Gott. Der Gott der Bibel ist nicht fern und unnahbar, sondern nah und erfahrbar - durch Jesus Christus. Er handelt, wirkt, redet und erhört Gebet.

Gott erfahrbar? Die Vorstellung, dass Gott, der das Universum geschaffen hat, persönlich erfahrbar sein soll, ist für viele Menschen schwer nachvollziehbar. Aber es ist so. Gott ist sich nicht zu schade, auf die Wünsche, Sorgen und Gebete seiner Geschöpfe einzugehen. Er nimmt Anteil an unserem Leben. In der Bibel heißt es: *"Wenn ihr mich von ganzem Herzen suchen werdet, so will ich mich von euch finden lasse"* (Jeremia 29, 13-14). Das haben schon Millionen erlebt. Menschen, die beten, erleben es immer wieder neu. Gott geht auch auf die (ernsthaften) Gebete einer einzelnen Person ein.

Die Bibel will uns dahin bringen, mit diesem Gott eine dauerhafte Verbindung aufzunehmen. Dies geschieht nicht durch eigene Leistungen und Bemühungen. Das wäre Selbsterlösung und funktioniert nicht. Dann müssten wir uns an den eigenen Haaren aus dem Sumpf ziehen. Es geht nur durch Jesus, der der Weg zum Vater ist. Nur Jesus nahm die Strafe für unsere Schuld auf sich. Nur er kann darum Sünde vergeben und die Trennung von Gott beseitigen. Jesus sagt von sich selber:

"Ich bin der Weg, die Wahrheit und das Leben; niemand kommt zum Vater als durch mich" (Johannes 14, 6).

Für viele Menschen ist das äußerst schwer zu verstehen. Jesus starb vor knapp 2000 Jahren am Kreuz von Golgatha. Was können wir heute von jemanden erwarten, der vor 2000 Jahren starb?

Sehr viel. Die Bibel sagt, warum: Jesus ist von den Toten auferstanden. Das Grab ist leer. *Jesus lebt - hier und heute.*

Das ist eine unerhörte Behauptung. Sie hat zu allen Zeiten Kopfschütteln, Unglauben und Ablehnung hervorgerufen. Wegen dieser Behauptung erlitten schon die ersten Christen Spott und Verfolgung. Aber sie gingen für ihren Glauben sogar in den Tod Christen in islamischen und kommunistischen Ländern tun das noch heute. Das ist nur dann zu verstehen, wenn sie sich ihrer Sache absolut sicher sind. Das heißt, wenn sie eine unumstößliche Gewissheit darüber haben, dass ihr Glaube auf Realität beruht.

Sie können es nur deshalb mit Gewissheit wissen, weil sie eine *persönliche Begegnung* mit Jesus erlebt haben. Die Bibel spricht davon, dass eine solche Begegnung möglich ist. Sie nennt diese Erfahrung "neue Geburt" oder "Wiedergeburt".

Die biblische Wiedergeburt

Jesus antwortete dem suchenden Pharisäer Nikodemus: "Es sei denn, dass jemand von neuem geboren werde, sonst kann er das Reich Gottes nicht sehen" (Johannes 3, 3).

Jesus redet hier nicht von einer "Wiederverkörperung" nach dem Tod (Reinkarnation), sondern von einer "neuen Geburt" unseres Geistes *in diesem Leben*. Solange wir von Gott getrennt sind, ist unser Geist "tot", und wir merken wenig von Gott. Das ändert sich erst dann, wenn wir mit Gott in Kontakt kommen und seine Realität erleben. *Das geschieht durch die*

"neue Geburt". Erst sie bringt die innere Gewissheit.

Aber sie bringt noch weit mehr. Wir erhalten auch einen neuen Zugang zur Bibel. Was uns vorher wie frommes Brimborium und Legenden vorkam, wird plötzlich lebendig und realistisch. Wir erleben, wie der Heilige Geist uns die Bibel aufschließt und lebendig macht. Gott beginnt, durch sein Wort zu uns zu reden.

Wie kann man dies erleben? Wenn andere Leute das erfahren, nützt mir das gar nichts. Wenn alles nur Theorie bleibt, hilft mir das nicht. Die "neue Geburt" ist ein Angebot Gottes, das ich **annehmen** muss, sonst nützt es mir nichts. Es ist genauso, als wenn mir jemand ein Geschenk macht, das ich nicht öffne. Nur wenn ich das göttliche Geschenk annehme und die "neue Geburt" erlebe, wird sie für mich zu einer persönlichen Erfahrung.

Nur dann erhalte ich auch die Gewissheit, dass ich es nicht mit einer Fata Morgana zu tun habe, sondern mit Realität. Und erst dann kann ich sicher sein, dass ich die gute Zukunft, die Gott mir geben will, nicht verpasse. Das hätte ewige Konsequenzen, vor denen Gott uns bewahren möchte.

Die Wahrheiten, die uns die Bibel mitteilt, sind oft unbequem und unangenehm. Wir erkennen, wie wir in Gottes Augen dastehen. Gleichzeitig sehen wir aber auch die Liebe Gottes. Das weckt Dankbarkeit und den Wunsch, zu diesem Gott zu gehören. Dieser Wunsch kann leicht erfüllt werden: ***Wir müssen nur zu Gott "umkehren" und Jesus in unser Leben einladen.*** Also keine Sache theologischer Bildung, sondern einfach der Wunsch, zu Gott zu gehören und mit ihm zu leben. Es ist eine Entscheidung, die wir treffen. ***Die Bibel nennt diese wichtigste Entscheidung in unserem Leben "Umkehr" oder "Bekehrung".*** Schon jedes Kind kann eine solche Entscheidung treffen.

Wenn wir diese Umkehr zu Gott vollziehen - aus ehrlichem Herzen - antwortet Gott darauf mit der "neuen Geburt". Die "neue

149

Geburt" beseitigt über kurz oder lang auch restliche Zweifel. Das ergibt sich einfach aus der Verbindung mit unserem Schöpfer. Da Gott uns aber auch als denkende Wesen geschaffen hat, übergeht er auch unseren Verstand nicht. Wir können auch rational die Frage nach der "neuen Geburt" angehen und nach Prüfungsmöglichkeiten fragen. Jeder weiß, dass es viele falsche Lehren gibt. Jesus hat ständig vor Irrlehrern und Verführern gewarnt. Die Bibel fordert immer wieder zum Prüfen auf. Wie kann man also prüfen, ob die Aussagen der Bibel über die "neue Geburt" wahr sind?

Paul Little, ein bekannter englischer Bibellehrer, hat folgende zwei Kriterien genannt, an denen man erkennen kann, ob etwas "Wahrheit" ist oder nicht:

1. An den objektiven, äußerlichen, allgemein zugänglichen Tatsachen.

2. An dem subjektiven, inneren, persönlichen Erleben dieser Tatsachen, das wie ich auch jeder andere erfahren kann.

Wir müssen also in bezug auf die von der Bibel beschriebene "neue Geburt" fragen:

"Gibt es Menschen, die bei einer Verbindung mit der gleichen objektiven Tatsache (Jesus Christus) die gleiche subjektive Erfahrung (eines umfassenden inneren Neuwerdens) erlebt haben?"

Die Antwort darauf ist ein eindeutiges "Ja". Millionen Menschen auf der ganzen Erde, *in allen Kulturen, Nationen und Religionen* haben schon eine Verbindung mit Jesus erlebt: Dies ist einer der wichtigsten Wahrheitserweise des christlichen Glaubens: *Die "neue Geburt" ist eine universelle, spürbare, persönliche und reale Erfahrung.*

Sie äußert sich in einer ganzen Anzahl von Einzelmerkmalen. Oft erfolgt eine Befreiung von negativen Gebundenheiten und Gewohnheiten, eine Heilung von inneren Verletzungen (zum Teil auch körperlichen Krankheiten), eine umfassende Erneuerung des Denkens, Wollens und der Lebensperspektive. Es kommen neue Motive, Bedürfnisse und Interessen auf. Gewöhnlich breitet sich in uns eine tiefe innere Freude aus. Dies alles nicht aufgrund irgendwelcher Leistungen, sondern einfach als Antwort auf die Entscheidung für Jesus.

Je rückhaltloser jemand sein Leben für Jesus öffnet, desto deutlicher erlebt er dieses Geschehen. Vielleicht nicht in jedem Bereich gleich ausgeprägt, aber doch spürbar und oft auch für Außenstehende erkennbar. Außenstehende erleben Personen, die sie schon jahrelang kennen, plötzlich überraschend positiv verändert. Das fällt auf.

Eine persönliche Beziehung zu Gott?

Angenommen, jemand möchte diese Erfahrung machen: Wie kann ich selbst zu dieser persönlichen Erfahrung Gottes kommen?

Die grundsätzliche Antwort ist einfach, die Einladung Gottes anzunehmen. Diese Einladung gilt jedem Menschen, aber die meisten ignorieren sie. Viele würden sie liebend gern annehmen, wenn sie davon wüssten. Aber sie werden von falschen Lehren und Lehrern in die Irre geführt. Über solche Lehrer sagte Jesus: "Wer aber einen dieser Kleinen, die an mich glauben, zum Abfall verführt, für den wäre es besser, dass ein Mühlstein an seinen Hals gehängt und er ersäuft würde" (Matthäus 18, 6-7). Diese Worte könnten manchem "modernen" Theologen in den Ohren klingen.

Wer jedoch die Einladung Gottes annimmt, wird seine umgestaltende Kraft erleben. Wenn wir "umkehren", vergibt Gott. Die göttliche Vergebung beseitigt die Trennung von ihm.

Viele Menschen sind sich allerdings nicht bewusst, *wofür sie um "Vergebung" bitten müssten.* An diesem Punkt gehen göttliche Sicht und menschliches Empfinden weit auseinander. Die Bibel sagt nämlich: Jeder hat gesündigt, keiner ist ohne Schuld (Römer 3, 23; 1. Johannesbrief 1, 8-9). Sie macht keine Ausnahme. Wir dagegen empfinden: Wir sind doch gar nicht so schlecht.

Aber wenn wir uns vorstellen, dass wir für alle unsere Gedanken, Worte, Motive, Haltungen und Taten vor Gott Rechenschaft ablegen müssen, sind wir wohl doch nicht mehr so sicher. Letztlich müssen wir der Bibel recht geben. Wir haben tatsächlich versagt. Wir handeln oft egoistisch. *Auf jeden Fall leben wir unabhängig von Gott.* Schon das nennt die Bibel "Sünde". Sünde bewirkt immer Trennung von Gott.

Diese Trennung kann nur Jesus beseitigen. Nur er kann die Verbindung zu Gott herstellen. Jesus sagte: "Ich bin der Weg." Es gibt viele Wege zu Jesus, aber nur einen Weg zu Gott. Nur Jesus hat die Autorität, Sünden zu vergeben, darum ist er der einzige Weg.

In dem Augenblick, in dem wir unser Versagen vor ihm zugeben und ihn um Vergebung bitten, vergibt er uns. Aber dies bedeutet auch, dass wir seine Herrschaft und seine Prinzipien anerkennen. Obwohl dabei einiges von unserer Selbstbestimmung auf der Strecke bleibt, machen wir einen unvorstellbaren Gewinn: Wir gehören dann zu Gott - für Leben und Tod.

Aus diesem Grund spricht die Bibel auch vom *"Evangelium"* oder der *"Frohen Botschaft"*. Für viele klingt das vielleicht gar nicht so froh, denn unsere Unabhängigkeit geben wir gar nicht gern auf. In wessen Hände begeben wir uns da? Nun, in die Hände unseres Schöpfers und Erlösers. Wir sind zwar sowieso alle in seinen Händen, das wird in der Minute unseres Todes sofort klar. Wir tun es aber vor unserem Tode und freiwillig. *Aus Dankbarkeit für das, was Jesus für uns getan hat.* Das ist ein Riesenunterschied. Denn wenn wir Gott erst nach unserem Tod begegnen, begegnen wir ihm als Richter. Vor unserem Tode streckt er uns durch Jesus die Hand als Erlöser und Retter hin.

Die Umkehr zu Jesus ist nicht schwer und erfordert kein intellektuelles Wissen oder theologisches Studium. Jesus sagte: "Wenn ihr nicht umkehrt und werdet wie die Kinder, so werdet ihr nicht ins Himmelreich kommen" (Matthäus 18, 3). Es geht also nicht um Wissen und Intelligenz, sondern um gläubiges Vertrauen.

Wir begeben uns in die Hände eines Gottes, der uns liebt und es immer gut mit uns meint. Er liebt uns sogar so sehr, dass Jesus für uns ans Kreuz ging. Können wir uns einem solchen Gott anvertrauen? Wem sonst! Millionen haben es getan, und sie haben Gott in seiner Liebe, Treue und heilenden Kraft erlebt.

Das Evangelium ist nicht kompliziert und erfordert kein theologisches Fachwissen. Das Reich Gottes steht jedem Menschen offen. Jeder, der bereit ist, sich Gott anzuvertrauen, wird die "neue Geburt" erleben. Es ist eine *"Lebensentscheidung"* -

nichts, was man so im Vorübergehen tut. Kein leeres Lippenbekenntnis. Aber wer diese Entscheidung mit ganzem Herzen trifft, wird erleben, dass Gott darauf reagiert.

Meine eigene Erfahrung

Ich selbst war bereits 37 Jahre alt, bis ich an diesen Punkt kam. Bis dahin war ich in Atheismus, Agnostizismus (man kann nicht wissen, ob Gott existiert) und Esoterik herumgeirrt. Mein Motiv war grundsätzlich, die Wahrheit herauszufinden, und zwar die Wahrheit, *die auch nach dem Tod noch gilt*. Ich wollte mein Leben in die Realität investieren. Ich wollte es auf keinen Fall sinnlos für eine Illusion, Lüge oder ein paar schale Lebensinhalte vergeuden. Bis dahin hatte ich über ein Dutzend verschiedene "Wahrheiten" gefunden und glaubte an verschiedene Gurus, Swamis, Yogis und "Propheten" bzw. "Prophetinnen". Aber ich war weit weg von Gewissheit.

Den christlichen Glauben hatte ich strikt abgeschrieben, weil ich die Kirche nur "tot" erlebt hatte. Dann geriet ich an ein Neues Testament und las etwas über Jesus. Ich dachte: Wenn das stimmt, was ich hier lese, dann ist Jesus besser als alle meine Gurus zusammen. So startete ich versuchshalber ein Gebet: *"Jesus, wenn du existierst, möchte ich zu dir gehören."* Eine merkwürdige Freude kam in mir auf.

Als ich dann später weiter im Neuen Testament las, erkannte ich, dass ich durch Sünde von Gott getrennt war. Es war mir völlig klar, dass in meinem Leben schon viel schief gelaufen war und ich Unrecht begangen hatte. Mein ganzer Lebensstil war ja egoistisch, unehrlich, unrein, selbstherrlich und von Gott unabhängig.

Also startete ich ein zweites Gebet, sinngemäß etwa so: *"Jesus, wenn du existierst, vergib mir bitte meine Sünden und komme in mein Leben und ändere mich, dass ich was von dir merke."*

154

Dieses Gebet änderte alles. Wieder kam diese merkwürdige Freude in mir auf. Aber es geschah noch etwas: ich war verändert. Ich hatte plötzlich eine ganz neue Sicht über mein Leben und die Dinge um mich herum. Bis dahin drehte sich mein leben um mich selbst: mein Wohlergehen, meine Hobbys, meine Karriere, mein Vorteil usw. Plötzlich waren da neue Ziele, neue Motive, ein neues Denken und Wollen - und zwar ohne eigene Anstrengung. Ich dachte ständig: "Das müssen doch alle Menschen wissen!" *Ich wusste klar, dass ich das nicht von mir aus produziert hatte.* Es musste eine Antwort auf mein Gebet sein. Etwas Neues war in mein Leben gekommen. Ich empfand, dass dies die Wahrheit sein musste, nach der ich jahrelang gesucht hatte. Es war die Realität Gottes, die Wahrheit in Jesus Christus, der ich begegnet war. Ich spürte die bis dahin nie gekannte Freude der Vergebung. Und ich wusste plötzlich klar, was vor allem anderen das Wichtigste und Erstrangige in unserem Leben ist - die Verbindung mit Gott.

Von da an hatte ich einen großen Hunger nach der Bibel. Meine bisherigen Gurus, Swamis, "Propheten" usw. warf ich über Bord. Beim Bibellesen fand ich heraus, dass ich mich, wie die Bibel es nennt, "bekehrt" hatte (ohne es zu wissen) und die "neue Geburt" erlebt hatte. Daher auch die Freude, die in den ersten Jahren praktisch immer da war. Es wurde dann mein Ziel, diese neue, wunderbare Erkenntnis und Erfahrung weiterzugeben (und ist es bis heute).

Heute weiß ich, dass der Kontakt mit Jesus das wichtigste Ziel unseres Leben ist. Viele Menschen gehen seit Jahren treu in eine Kirche, aber sie haben Jesus und seine Liebe noch nie persönlich erfahren. Es fehlt ihnen die Gewissheit, dass sie zu Gott gehören und dass ihnen vergeben ist. Der Grund: sie haben noch nie eine "Lebensübergabe" an Jesus vollzogen. Sie sind noch ihr "eigener Herr" und haben nie das getan, was die Bibel "Umkehr" nennt.

Wer es aber tut, wird Gott erleben (Johannes 3, 3). Der Heilige Geist wird in sein Leben kommen und ein wunderbares

Werk der Erneuerung beginnen. Mit ihm kommt eine neue Sicht und die Gewissheit, dass diese Erfahrung Realität ist. Die Bibel lässt daran keinen Zweifel: "Der Geist selbst gibt Zeugnis unserem Geist, dass wir Gottes Kinder sind" (Römer 8, 16).

Diese Gewissheit ruht auf zwei Säulen: Auf der Wahrheit der Bibel (denn Gott hält sein Wort) und dem inneren Zeugnis des Heiligen Geistes, der in uns Wohnung nimmt.

Es gibt keine neutrale Position vor Gott

Eine Entscheidung für etwas Neues fällt vielen Menschen schwer. Sie haben sich an ihr bisheriges Denksystem gewöhnt und können sich nur schwer davon lösen. Lieber versuchen sie, ihr altes und das neue System zusammenzubringen. Sie möchten *"tolerant"* sein und eine neutrale Position beziehen. Dabei vermischen sie jedoch göttliche Wahrheit mit menschlichen Vorstellungen. Die Bibel sagt, sie vermischen Licht mit Finsternis (2. Korinther 6, 15). Eine solche Einstellung ist gegenüber Gott nicht möglich.

Gegenüber Gott und seiner Wahrheit gibt es keine neutrale Position. Gleichgültigkeit und Neutralität sind auch Entscheidungen und laufen auf eine Ablehnung hinaus. *Jesus sagt: "Wer nicht mit mir ist, der ist gegen mich."* Für Kompromisse lässt die Bibel keinen Raum. Die neue Geburt erleben wir nur, wenn wir uns *ganz* auf die Seite Gottes stellen. Entweder gehören wir ganz zu Jesus oder wir gehören überhaupt nicht zu ihm. Die Bibel kennt nur zwei Seiten: die Seite Gottes und die Satans.

Gott ist geduldig und freundlich zu uns, aber er ist auch gerecht und heilig. Er hat uns als Geschöpfe geschaffen, die sich *frei entscheiden* können. Wir sind weder Roboter noch Marionetten noch Tiere, die ihren Instinkten folgen müssen. Mit unserer Freiheit haben wir aber auch eine große Verantwortung erhalten. Gott liebt uns, aber er zwingt sich uns nicht auf. Wir können unser Leben tatsächlich selbst bestimmen - für die Gegenwart und die Ewigkeit. *So, wie wir uns für unser irdisches Leben entscheiden, werden wir auch die Ewigkeit verbringen.*

Entweder hat Jesus recht oder er hat nicht recht. Bevor wir uns für die zweite Möglichkeit entscheiden, sollten wir unbedingt die vier Evangelien lesen, die von Jesus berichten. Wenn Jesus recht hat, ist die Bibel wahr.

Die Bibel lässt sich von jedem prüfen, aber wer sie liest, wird auch von ihr geprüft. Nur wer dazu bereit ist, erlebt die Bibel als lebendiges Buch. Wer sie auf "moderne" Art liest, dem bleibt sie verschlossen.

Jesus sagt: "Meine Lehre stammt nicht von mir, sondern von dem, der mich gesandt hat. *Wer bereit ist, den Willen Gottes zu tun, wird erkennen, ob diese Lehre von Gott stammt oder ob ich in meinem eigenen Namen spreche"* (Johannes 7, 16-17; E.).

Es geht also um unsere Bereitschaft, unser *Wollen*. Die Bibel verlangt aufrichtige und offene Leser. Wer sich über sie stellt, rennt gegen eine Mauer. Wer beginnt, auf ihre Aussagen einzugehen, wird ihre Kraft und Wahrheit persönlich erleben. Sie wird für ihn zum Buch des Lebens werden.

Jesus: "Wer mich verachtet und nimmt meine Worte nicht an, der hat schon seinen Richter: Das Wort, das ich geredet habe, das wird ihn richten am Jüngsten Tage."
(Johannes 12, 48)

ÜBERBLICK ÜBER DIE BIBLISCHEN BÜCHER

Dieses Kapitel möchte Menschen, für die die Bibel noch neu ist, eine Einstiegshilfe sein. Es bietet eine kurze, übersichtliche Darstellung der einzelnen biblischen Bücher in ihren Hauptaussagen. Lesern, denen die knappe, kompakte Form zu wenig ist, seien auf die Literaturhinweise am Schluss des Kapitels verwiesen. Zunächst einige wissenswerte Hintergrundinformationen zur Bibel:

Wie schon erwähnt, ist die Bibel ein Sammelband von 66 verschiedenen Büchern. 39 davon gehören zum Alten Testament (AT), 27 zum Neuen Testament (NT). Die Juden erkennen nur das AT als Bibel an (und daher auch Jesus nicht als Erlöser und ihren Messias).

Das AT wurde von etwa 1500 - 400 v. Chr. auf Hebräisch (Teile von Esra, Nehemia und Daniel auf Aramäisch) niedergeschrieben; das NT von etwa 50 - 100 n. Chr. auf Griechisch. Die Entstehungszeit der gesamten Bibel betrug also etwa 1600 Jahre.

Etwa 40 Autoren waren an der Niederschrift der Bibel beteiligt. Es waren Menschen ganz verschiedener Herkunft: Könige, Priester, Schriftgelehrte, Propheten, Minister, Hirten, Fischer, ein Arzt, ein Mundschenk, ein Zollbeamter. Alle hatten eines gemeinsam: sie waren vom Heiligen Geist inspiriert. Nur von daher ist zu erklären, dass die Bibel bei einer Entstehungszeit von über eineinhalb Jahrtausenden (!) eine Einheit bildet.

Das AT wird von den Juden auch "das Gesetz und die Propheten" genannt. Es besteht aus 17 Geschichtsbüchern (Mose bis Esther), 5 Lehrbüchern (Hiob, Psalmen, Sprüche, Prediger und Hohelied) und 17 prophetischen Büchern. Das NT besteht aus 5 Geschichtsbüchern (4 Evangelien und Apostelgeschichte), 21 Lehrbüchern (Briefe) und einem prophetischen Buch (Offenbarung).

Die ältesten erhaltenen Bibelmanuskripte sind die erst 1947 von Hirten entdeckten Schriftrollen von Qumran am Toten Meer. Sie stammen aus der Zeit 200 - 100 v. Chr. und überlebten die 2000 Jahre bis zu ihrer Entdeckung in Tonkrügen in den trocken-heißen Höhlen von Qumran.
Daneben existieren weitere Manuskripte aus späterer Zeit, von denen hier nur die drei wichtigsten genannt seien: Kodex Sinaiticus, Kodex Alexandrinus, Kodex Vaticanus (Kodex = Manuskript).

Die früheste Übersetzung des AT ist die griechische ***Septuaginta*** aus der Zeit 280 - 200 v. Chr. Die bekannteste frühe Übersetzung der ganzen Bibel ist die lateinische ***Vulgata*** aus der Zeit um 400 n. Chr. Luther übersetzte die Bibel in den Jahren 1521-34 ins Deutsche, u.a. auf der durch ihn berühmt gewordenen Wartburg. Hinweis: Luther ordnete den Hebräer- und Jakobusbrief hinter die Petrus-und Johannesbriefe ein, während sie in allen anderen Bibelübersetzungen (auch ausländischen) vor diesen stehen (leider hat es die Deutsche Bibelgesellschaft noch nicht für nötig gehalten, dies zu korrigieren).

Die großen Linien der Bibel

Die Bibel verfolgt viele Absichten, aber ihr Hauptziel ist, uns den *"Heilsplan Gottes"* mit den Menschen zu offenbaren. Dabei lernen wir Gott selbst und seine Sicht über die Welt und unser Leben kennen. Am Schicksal einzelner Völker und Menschen werden uns Gottes Prinzipien und Wege vor Augen geführt. Nicht zuletzt geht es der Bibel aber auch darum, uns persönlich anzusprechen und zu einem Leben mit Gott einzuladen.

Der Heilsplan Gottes wird sichtbar in der Geschichte der Menschheit. Aber er gilt genauso für das Leben jedes einzelnen Menschen Jeder Mensch kann und soll nach Gottes Willen in diesen Plan hineingelangen. *Jeder kann jedoch selbst entscheiden, ob er das Heilsangebot Gottes annehmen will oder nicht.* Wer es - trotz genügender Informationsmöglichkeiten - nicht tut, muss nach dem Tod die Konsequenzen tragen. (Diejenigen, die nie in ihrem Leben die Gelegenheit hatten, die biblischen Informationen zu empfangen, werden danach beurteilt, inwieweit sie ihrem Gewissen gemäß der ihnen bekannten Wahrheit gefolgt sind - Römer 2, 12-15).

Das **Alte Testament** beginnt mit dem *Schöpfungsbericht, dem Sündenfall und der Sintflut*. Danach beschreibt es im wesentlichen nur noch die Geschichte eines Volkes - *Israels*. Anhand dieses von Gott ausgewählten Volkes macht Gott sein Handeln in der Welt gemäß seinen Prinzipien für alle Menschen sichtbar.

Am Beginn der Schöpfung war noch alles heil und "sehr gut" (1. Mose 1,31). Es gab weder Leid noch Tod. Der Mensch lebte in Gemeinschaft mit Gott. Dann zerstörte er selbst jedoch diese Gemeinschaft, als er sich von Gott unabhängig machte. Damit zerstörte er auch die ursprünglich heile Schöpfung. Sünde, und damit Leid, Krankheit, Gewalt und Tod, hielt ihren Einzug. *Seit-

her lebt der Mensch als "gefallenes", unheiles Geschöpf in einer "gefallenen", unheilen Welt.

Dies ist sehr wichtig zu wissen. Es macht deutlich, warum trotz der Liebe und Allmacht Gottes soviel Leid und Ungerechtigkeit in der Welt möglich sind. Das Leid ist eine direkte Folge der Sünde. *Nicht Gott schuf das Böse, sondern der Mensch entschied sich dafür.* Das konnte er tun, weil Gott ihm die Freiheit dazu eingeräumt hatte. Gott hatte den Menschen als freies Geschöpf mit einem freien Willen geschaffen. Damit gab er ihm auch die Möglichkeit, sein Leben mit oder ohne Gott zu führen. *Der Mensch entschied sich für ein Leben ohne Gott:* Er stellte seine Unabhängigkeit höher als die Gemeinschaft mit seinem Schöpfer.

In dieser Entscheidung des Menschen liegt die Wurzel für alles Leid und alle Ungerechtigkeit in der Welt. Nur von daher ist zu verstehen, dass Leid und Ungerechtigkeit als Folge der Sünde Schuldige wie auch Unschuldige treffen.

Die Folgen der zerstörten Gemeinschaft mit Gott wirkten sich katastrophal aus. Der Mensch tat von da an, "was ihm recht dünkte" (und tut es weitgehend bis heute). Die Bibel berichtet, dass die Menschen dann zur Zeit **Noahs** auf einen derart moralischen Tiefstand abgesunken waren, dass sie *nur noch* Böses taten. Gott sandte sein Gericht, die Sintflut. Nur Noah und seine Familie überlebten. Die gesamte heute existierende Menschheit stammt von den drei Söhnen Noahs ab: **Sem, Ham** und **Jafet.**

Als die Menschen dann begannen, zu ihrer Selbstverherrlichung einen Turm "bis an den Himmel" zu bauen *(Turmbau zu Babel)*, verwirrte Gott ihre Sprachen (bis dahin sprachen alle Menschen die gleiche Sprache), und da sie sich nicht mehr verstehen konnten, zerstreuten sie sich über die ganze Erde.
Es gibt ein interessantes Indiz für die Korrektheit dieser biblischen Aussage: Von den über 5000 heute noch gesprochenen Sprachen besitzen *die der "primitiven" Völker oft einen höhe-*

ren grammatikalischen Standard als die modernen Verkehrssprachen. Dies spricht deutlich gegen die Annahme von einer "Evolution" der Sprachen. Statt einer Aufwärtsentwicklung fand offenbar eine Abwärtsentwicklung statt.

Nach der *"babylonischen Sprachenverwirrung"* und der nachfolgenden Zerstreuung der Menschen über die ganze Erde entwickelten sich je nach überwiegendem Genpool die drei Hauptrassen der Menschheit Europide, Afrikaner und Asiaten.

Doch auch unter den Nachkommen Noahs breiteten sich wieder Mord und Totschlag aus. Nun berief Gott den gottesfürchtigen **Abraham** zum Stammvater eines ganz neuen Volkes. Das geschah etwa 2000 v. Chr. Dieses Volk war Israel. An Israel wollte Gott seine Existenz und seine göttlichen Prinzipien allen Völkern erkennbar machen. Das tat er und tut es bis heute. Abraham erhielt von Gott die Verheißung, dass das Land "Kanaan" einst den Nachkommen seines Sohnes **Isaak**, geboren von seiner Frau Sara, gehören werde. Sein erster Sohn **Ismael** von der Magd Hagar erhielt keine solche Verheißung. Er wurde zum Stammvater der Araber.

Bis heute prägt der Konflikt zwischen den beiden Linien der Söhne Abrahams, Isaak und Ismael, das Geschehen im Nahen Osten. *Die Nachfahren Ismaels kämpfen gegen die Nachfahren Isaaks,* d.h. gegen die Linie der göttlichen Verheißung. In den weiteren Büchern des AT wird das Handeln Gottes an Israel in dessen Kämpfen mit den umgebenden Völkern genau beschrieben. Das Alte Testament zeichnet also vor allem die Geschichte Gottes mit seinem Volk des "Alten Bundes" auf.

Im **Neuen Testament** schließt Gott einen neuen Bund mit den Menschen. Es beginnt mit dem Leben und Wirken von **Jesus Christus**. Durch die Zeichen und Wunder, die er tut, wird in seinem dreijährigen Wirken das *Reich Gottes* auf Erden konkret sichtbar. Nach dem Tod und der Auferstehung von Jesus schildern die weiteren Bücher des NT, wie Gott die an Jesus Gläubigen aus Juden und Heiden zur Gemeinde der Christen beruft. Die Christen werden die neuen Offenbarungsträger.

Während im Alten Bund die Gläubigen vor allem einem Volk (den Juden) angehörten, *setzt sich im Neuen Bund die Gemeinde der Christen aus Menschen aller Nationen zusammen.* Es sind diejenigen, die an Jesus glauben und ihr Leben unter seine Herrschaft stellen. Gott macht in der Geschichte Israels, seines Volkes des Alten Bundes, für knapp 2000 Jahre einen Einschub, da es seinen Messias nicht erkannt und verworfen hat. In dieser Zeit ruft Gott die Heiden in sein Volk. *Die an Jesus gläubig Gewordenen aus Juden und Heiden - die Christen -* erhalten den Auftrag, das "Evangelium" allen Völkern der Welt weiterzugeben. Das ist die Botschaft, dass durch eine Umkehr zu Jesus Vergebung der Sünden erlangt werden kann.

Doch auch die Zeit der christlichen Gemeinde ist begrenzt. Sie wird mit der *Wiederkunft von Jesus* und der "Entrückung" seiner Gemeinde ihr Ende finden. Dann wird Gott seinen alten Bund mit Israel wieder aufgreifen, aber auf erneuerter Grundlage (Hesekiel 36, 26-28). Als Voraussetzung dazu kündigten die biblischen Propheten wiederholt das Wiederentstehen eines israelischen Staates auf dem Boden des alten Staatsgebietes an (Hesekiel 37). Diese Prophetien sind seit 1948 erfüllt - und damit auch die erforderlichen Voraussetzungen für die Wiedereinsetzung Israels.

Das NT schildert vor allem, wie sich in Jesus Christus der Heilsplan Gottes vollendet. In den vier Evangelien wird berichtet, wie Jesus zum Erlöser eines jeden Menschen wird, der sich für ihn entscheidet und ihm nachfolgt. In der Apostelgeschichte und den Briefen der Apostel, die den Großteil des Neuen Testamentes ausmachen, wird ausgeführt, wie das geschieht und was eine Nachfolge von Jesus bedeutet.

Dieser kurze Abriss soll genügen, um die Bücher des Alten und Neuen Testaments als Ganzes in den Blick zu bekommen. Mit einer solchen übergeordneten Perspektive fällt es leichter, die Fülle der Einzelaussagen und -geschehnisse in den 66 Büchern der Bibel im Zusammenhang zu erkennen. Das weitere Verständnis ergibt sich beim Lesen der einzelnen Bücher.

Nachfolgend werden die einzelnen Bücher des Alten und Neuen Testaments in ihren zentralen Aussagen kurz vorgestellt:

Die einzelnen Bücher des Alten Testaments

Am Anfang der Bibel stehen die fünf Bücher Mose, von den Juden Thora = Gesetz genannt, von den Griechen Pentateuch = fünfteiliges Buch. Die fünf Bücher Mose tragen auch die (gr.-lat.) Bezeichnungen Genesis = Entstehung, Exodus = Auszug, Levitikus = Priesterbuch, Numeri = Zählungen und Deuteronomium = Gesetzeswiederholung.

Das erste Buch Mose (Genesis) beschreibt den Ursprung des Universums, des Lebens und der Menschheit. Mit der Schöpfung, dem Sündenfall und der Sintflut enthält es die entscheidenden Weichenstellungen für das Schicksal der gesamten Menschheit und jedes einzelnen Menschen. Mit der Berufung Abrahams und der Patriarchen ("Väter") beginnt hier auch schon die Geschichte Israels als Volk des Alten Bundes.

Das zweite Buch Mose (Exodus) berichtet vom Auszug der Israeliten aus Ägypten unter der Führung von Mose. Auf dem Berg Sinai empfängt Mose die Zehn Gebote und das Gesetz für Israel. Im Opfer des Passalammes am Abend vor dem Auszug aus Ägypten wird bereits das Sühneopfer von Jesus Christus als Lamm Gottes vorgezeichnet.

Das dritte Buch Mose (Levitikus) enthält die Vorschriften für den priesterlichen Dienst und die allgemeine Reinigung und Heiligung sowie die jüdischen Feste.

Das vierte Buch Mose (Numeri) enthält zwei Volkszählungen sowie weitere Gesetze. Es schildert die 40jährige Wüstenwanderung der Israeliten im Sinai.

Das fünfte Buch Mose (Deuteronomium) gibt die Abschieds-reden Mose vor seinem Tod wieder. Er wiederholt noch einmal die wichtigsten Gesetze und ermahnt das Volk, sie einzuhalten. In den Schlußkapiteln legt er dem Volk die Wahl zwischen Se-gen und Fluch vor. Dabei spricht er die gewaltigen zukunftswei-senden Prophetien aus, die sich in den folgenden dreieinhalb Jahr-tausenden alle im Schicksal Israels erfüllen sollten.

Das Buch Josua beschreibt die Eroberung Kanaans durch Josua, dem Diener des Mose. Es ist die Fortsetzung der Bücher Mose.

Das Buch der Richter schildert die Zeit zwischen dem Tod Josuas und dem ersten König Israels, Saul. In dieser Zeit verfällt Israel ständig wieder in Götzendienst und wird von Feinden un-terdrückt. Gott erweist immer wieder seine Barmherzigkeit, in-dem er Retter (Richter) beruft, die das Volk befreien.

Das Buch Ruth ist der bewegende Bericht über die Moabiterin Ruth, die ihre Heimat verlässt, um ihrer jüdischen Schwiegermutter beizustehen, und die vom Gott Israels, dem sie vertraut, reich gesegnet wird.

Die beiden Bücher Samuel schildern die Berufung und den Dienst Samuels als Prophet in einer chaotischen Zeit Israels. Gott beruft durch Samuel den ersten König Israels, Saul. Als dieser Gott untreu wird, salbt Samuel den Hirten David zu dessen Nach-folger (etwa 1000 v. Chr.). Das Buch beschreibt die Höhen und Tiefen dieser beiden Könige.

Die beiden Bücher der Könige stellen die Geschichte Isra-els nach dem Tod Davids dar. Es folgte die prunkvolle Herr-schaft Salomos. Als nach seinem Tod das Gesamtreich in die beiden Königreiche Israel und Juda zerfällt, beginnt ein ständi-ges Auf und Ab von Treue und Untreue gegenüber Gott.

Immer wieder heißt es von den einzelnen Königen: *"Er tat, was dem Herrn übel gefiel"* - und das Land erlebte Krieg, oder *"Er tat, was dem Herrn wohl gefiel"* - und das Land erlebte Frieden. In dieser Zeit riefen die beiden vollmächtig wirkenden Propheten **Elia** und **Elisa** Israel immer wieder zur Umkehr auf. Die Bücher der Könige enden mit der Wegführung Israels in die assyrische Gefangenschaft 722 v. Chr. und Judas in die babylonische Gefangenschaft 586 v. Chr.

Die beiden Bücher der Chronik sind eine Art Parallelbericht zu den Büchern der Könige, aber umfassender und mit weiteren Einzelheiten. Im 1. Buch der Chronik werden die Geschlechtsregister von Adam bis David aufgeführt. Es beschreibt ausführlich das Leben **Davids**. Im 2. Buch wird vor allem das Leben **Salomos** geschildert. Danach werden die Regierungszeiten der einzelnen Könige Judas (nicht mehr Israels) aufgeführt. Die Chroniken versuchen, dem aus Babylon zurückgekehrten Volk nach dem Exil Ermutigung, eine neue Perspektive und Rückbesinnung auf die alten Werte zu vermitteln.

Das Buch Esra beschreibt die Rückkehr der Juden aus der babylonischen Gefangenschaft nach Jerusalem unter Serubbabel, der den Tempel wieder aufbaut. Mit einer zweiten Gruppe folgt ihm später der Schriftgelehrte Esra nach.

Das Buch Nehemia ist eine Fortsetzung des Buches Esra. Der Mundschenk Nehemia erhält vom persischen König Arthasasta (Artaxerxes) die Erlaubnis, nach Jerusalem zu ziehen und die Stadtmauern wieder aufzubauen. Nehemia sucht diese Verantwortung von sich aus, und Gott bestätigt ihn darin.

Das Buch Esther berichtet von der Rettung des gesamten jüdischen Volkes vor der Ausrottung durch den persischen Regierungsbeauftragten Haman. Königin Esther und ihr Vormund Mordechai nutzen die ihnen von Gott gegebene Position, um ihr Volk zu retten.

Das Buch Hiob ist eines der ältesten Bücher des AT; es ist

etwa der Zeit Abrahams zuzurechnen. Das Buch greift die zeit-
lose Frage nach dem Leiden der Gerechten auf. Es wird deutlich, dass die Frage nach dem Leiden nicht völlig beantwortet
werden kann, und dass es nicht nur Leiden zur Strafe und Läute-
rung, sondern auch zur Bewährung gibt.

Das Buch der Psalmen besteht eigentlich aus fünf
Büchern.Es stellt die geistliche Liedersammlung des Volkes Israel dar. Es sind zumeist Dank-, Lobpreis- und Anbetungslieder,
aber auch Hilferufe in höchster Not und Bitten um Schutz, Be-
wahrung, Führung und Rettung. Sie beeindrucken durch ihre Ehrlichkeit und Intensität. Immer wieder tauchen in den Psalmen
prophetische Worte auf den Messias auf (Psalm 22!). Über die
Hälfte der Psalmen stammt von König David.

Das Buch der Sprüche ist eine Sammlung von Lebensweis-
heiten, die König Salomo zugeschrieben werden. Sie wollen zu
einem Leben in Weisheit, Gerechtigkeit, Ehrlichkeit und Selbst-
disziplin anleiten. Der Grundtenor ist die Ehrfurcht vor Gott:
"Der Anfang der Weisheit ist die Furcht des Herrn" (Spr. 9, 10).

Der Prediger Salomo (Kohelet) zeigt die Situation eines
Menschen auf, der alles ausgekostet hat und die Vergänglichkeit
und Unzulänglichkeit aller irdischen Dinge erkannt hat.

Das Hohelied Salomos schildert die Liebesbeziehung zwischen der Sulamithin und ihrem Geliebten. Manche Ausleger
deuten dies auf die Beziehung der christlichen Gemeinde zu Jesus.

Es folgen die Bücher der Propheten. Es gibt insgesamt 16
alttestamentliche Propheten. Man unterscheidet die vier "großen" Propheten mit ihren umfangreichen prophetischen Vorhersagen und die zwölf "kleinen" Propheten mit ihren weniger langen Vorhersagen. Die vier "Großen" stehen am Anfang dieser
Bücher. Es sind Jesaja, Jeremia, Hesekiel und Daniel.

Jesaja lebte um 700 v. Chr. und gilt als der bedeutendste der
Propheten. Er warnte das Volk vor dem Götzendienst, kündigte

das göttliche Gericht durch die Babylonier an und spendete gleichzeitig durch seine zahlreichen messianischen Offenbarungen Trost und Ermutigung. Von ihm stammt die beeindruckende Vorschau der Leiden Jesu, die sich bis in zahlreiche Einzelheiten präzise erfüllte (Kapitel 53).

Die "moderne Theologie" hat seine Botschaften in einen *"ersten", "zweiten" (Deuterojesaja) und zum Teil sogar "dritten" (Tritojesaja) Jesaja* aufgeteilt. Das wird folgendermaßen begründet: Bis zum 40. Kapitel predigt Jesaja überwiegend Gerichtsbotschaften, danach jedoch eher Trost und Ermutigung. Das könne unmöglich der gleiche Jesaja sein, denn die Gefangenschaft in Babylon trat erst über 100 Jahre nach Jesajas Tod ein. Dabei wird allerdings übersehen, dass auch das Gericht über Jerusalem erst nach Jesajas Tod eintrat - beides sind prophetische Vorausschauen.

Außerdem nennt Jesaja dummerweise den Namen eines persischen Königs **(Kyrus),** der erst 200 Jahre später geboren wurde - was ja menschenunmöglich ist. Niemand könne Ereignisse so genau vorherwissen. Die "moderne Theologie" hat daher den "Deuterojesaja" (von dem es bedauerlicherweise nirgends auch nur die geringste Spur gibt) erst nach den Ereignissen in der babylonischen Gefangenschaft angesiedelt.

Noch "unmöglicher" sind Jesajas *messianische Prophetien* auf Jesus Christus, die sich später alle präzise erfüllten. Eine Umverlegung dieser Prophetien war allerdings schwierig, denn die Ereignisse traten erst 700 Jahre nach Jesajas Tod ein. Man hat daher in großer Weisheit von einem "vierten Jesaja" abgesehen und muss einfach mit diesen irrationalen Erfüllungen leben - modern hin, modern her.

Sämtliche Prophetien der Bibel machen der "Modernen Theologie" schwer zu schaffen. Sie bedeuten ja, dass Gott sich über unser menschliches Vermögen einfach hinwegsetzt. Der "zweite" und "dritte" Jesaja sind einmal mehr ein Beispiel für die unbeirrbare Phantasie der "modernen" Theologen.

Jeremia traf ein schweres Los. Er mußte dem Volk Israel das Gericht Gottes in Form der Eroberung durch die Babylonier verkünden, obwohl niemand ihm glaubte. Als "Unglücksprophet" erlitt er ständig Anfeindungen und Einkerkerungen. Auch Jeremia spricht Israel nach der Eroberung Jerusalems Trost zu.

Jeremias Klagelieder beklagen den Zustand Jerusalems nach der Eroberung durch die Babylonier.

Hesekiel ("Ezechiel" nach der neuen Schreibweise der "Loccumer Richtlinien") lebte ebenfalls zur Zeit der babylonischen Gefangenschaft Israels und verkündigte vor der Eroberung Jerusalems das Gericht, danach den Weggeführten Ermutigung. Er gehörte zu den Juden, die mit nach Babylon deportiert wurden, und lebte dort in Thel-Abib am Fluß Chebar.

Daniel wurde als junger Mann nach Babylon weggeführt und stieg dort in höchste Ministerämter auf. Er "setzte sich vor", Gott auch in Babylon treu zu dienen, und Gott gab ihm dazu Weisheit und die *Gabe der Traumdeutung*. Diese Gabe öffnete ihm die Tür in den Dienst **Nebukadnezars**, als er diesem seine Vision von den vier Weltreichen deutete. Gott schenkte Daniel später prophetische Gesichte, die bis in die fernste Zukunft reichen und im letzten Buch der Bibel, der Offenbarung des Johannes, wieder aufgegriffen werden.

Hosea wirkte im Nordreich Israel vor dessen Wegführung in die assyrische Gefangenschaft. Er erhielt von Gott den Auftrag, eine Hure zu heiraten, um so die Untreue Israels gegenüber Gott symbolisch darzustellen.

Joel lebte im Südreich Juda und deutet eine Heuschreckenplage und Dürre als Ruf Gottes zur Buße. Für die Zukunft sieht er weitere Gottesgerichte, aber auch Segensverheißungen.

Amos predigte den umliegenden Völkern das Gericht wegen ihrer Grausamkeit und dem Nordreich Israel wegen seiner Prasserei, der toten Gottesdienste und der sozialen Ungerechtigkeit.

Daniels endzeitliche Deutung der vier Weltreiche

Babylon - das goldene Haupt
(605-539 v. Chr.)

Medo-Persien - die silberne Brust
(539-330 v. Chr.)

Griechenland - die kupfernen Lenden
(330-64 v. Chr.)

Rom - die eisernen Beine. (64 v. Chr. - 476 n. Chr.) Wiederaufleben in der Endzeit - Daniel Kap. 7; Offenbarung Kap. 17?

Die Füße aus Ton und Eisen vermischt - endzeitlicher Ausblick auf die EU, die auf den Römischen Verträgen gründet? Die EU-Staaten vereinigen sich, aber haften nicht aneinander.

Nebukadnezars Traum: Ein Standbild mit goldenem Haupt, silberner Brust, kupfernen Lenden und eisernen Beinen, die Füße aus Eisen und Ton gemischt. Auf die Füße fiel ein großer Stein, worauf das ganze Standbild zusammenbrach. Daniel deutete den Traum als vier aufeinanderfolgende Weltreiche, beginnend mit Babylon. Dies traf in der Geschichte genau ein. Das vierte Reich wird am Ende der Zeit von Gott gerichtet, der dann ein ewiges Reich aufrichten wird (Daniel 2, 27-45).

Obadja verkündet den Edomitern wegen ihrer Schadenfreude über Israels Unglück das Gericht Gottes.

Jona erhielt von Gott den Auftrag, die assyrische Hauptstadt Ninive zur Buße aufzurufen. Er weigert sich, findet aber durch drei Tage im Bauch eines großen Fisches zur Umkehr und führt den Auftrag aus. Jesus gebraucht dieses Ereignis später als Bild für seinen Tod und seine Auferstehung.

Micha war Zeitgenosse Jesajas und kündigte wie dieser das Gericht über Samaria und Jerusalem wegen der Verderbtheit ihrer Führer und des Volkes an. Aber auch er gibt schon den Ausblick auf das künftige Friedensreich des Messias.

Nahum verkündet die endgültige Zerstörung Ninives für immer, da es wieder in seine Sündhaftigkeit zurückgefallen war.

Habakuk war Zeitgenosse Jeremias und verkündet dem abgefallenen Juda das Gericht durch die Babylonier. Trotz seiner vielen Fragen wegen der herannahenden Katastrophe vertraut er Gott.

Zephanja verkündigt Juda in der Zeit des schlimmsten Abfalls unter König Manasse den "Tag des Herrn" - das Gericht Gottes. Auch bei ihm reicht die Sicht schon bis in das kommende Friedensreich des Messias.

Haggai ruft die aus der Gefangenschaft zurückgekehrten Juden auf, den Tempel Gottes wieder aufzubauen und nicht nur Häuser für sich selbst zu bauen.

Sacharja ruft Juda nach der Rückkehr aus Babylon zum Wiederaufbau auf. Visionen mit symbolischer Bedeutung dienen dazu zur Ermutigung. Sacharjas Gesichte reichen weit in die Zukunft bis zum 1000-jährigen Friedensreich, das in der Offenbarung des Johannes beschrieben wird. Viele seiner Prophetien beziehen sich auf Jesus Christus.

Maleachi als der letzte der alttestamentlichen Propheten ermahnt das Volk wegen seiner Lauheit und Untreue Gott gegenüber. Auch er verweist auf den "Tag des Herrn".

Die einzelnen Bücher des Neuen Testaments

Das Neue Testament beginnt mit den vier Evangelien (Evangelium = Frohe Botschaft). Wegen ihrer zahlreichen Parallelstellen werden die ersten drei Evangelien von *Matthäus, Markus und Lukas oft als "Synopse"* (Zusammenschau) nebeneinandergestellt und als "synoptische" Evangelien bezeichnet.

Die Evangelien beschreiben das Leben und Wirken Jesu und geben seine Reden und Predigten wieder. Die drei synoptischen Evangelien wurden in den Jahren 50 - 70 n. Chr. (vor der Zerstörung Jerusalems) abgefasst.

Das Matthäus-Evangelium stammt von dem Jünger Matthäus, vormals Zöllner. Es richtet sich vorwiegend an die Juden und stellt Jesus als den verheißenen Messias dar. Als Nachweis dafür werden viele in Jesus erfüllte Prophetien des AT zitiert.

Das Markus-Evangelium wurde von Markus, dem Begleiter und geistigen Sohn des Petrus, geschrieben. Markus schildert Jesus als Sohn Gottes mit göttlicher Autorität und stellt besonders seine Taten und Wunder in den Vordergrund. Er wendet sich vor allem an die Römer.

Das Lukas-Evangelium stammt von dem Arzt Lukas, der Paulus auf seinen Missionsreisen begleitete. Lukas zeichnet von Jesus das Bild des Menschensohnes und Welterlösers. Er richtet sich vor allem an die griechische Welt, an Heiden bzw. Heidenchristen. Das Lukas-Evangelium zeichnet sich durch seine präzisen historischen Angaben aus.

Das Johannes-Evangelium des Jüngers Johannes entstand als letztes der vier Evangelien (etwa 85 n. Chr.). Johannes geht es vor allem darum, Jesus als Gottessohn herauszustellen. Einen Großteil nehmen die Reden von Jesus und die Gemeinschaft mit den Jüngern ein. Dieses Evangelium ist das persönlichste und geistlichste Evangelium. Es wendet sich vor allem an die christlichen Gemeinden.

Die Apostelgeschichte ist die Fortsetzung der Evangelien und wurde von Lukas geschrieben. Sie beschreibt die Ausbreitung des Evangeliums in die umliegenden Länder und die Gründung der ersten christlichen Gemeinden. Den größten Teil nehmen die Bekehrung und Berufung des **Paulus** und seine drei Missionsreisen nach Kleinasien, Griechenland und Rom ein. Dabei verschiebt sich das Schwergewicht allmählich *von den Judenchristen zu den Heidenchristen.*

Die Briefe des NT haben den Zweck, den neuentstandenen christlichen Gemeinden Lehre und Verständnis zur Nachfolge von Jesus zu vermitteln. Außerdem werden Irrlehren und Fehlentwicklungen aufgedeckt und zurückgewiesen. Die meisten Briefe stammen von Paulus, zwei vom Apostel Petrus, drei vom Apostel Johannes, je einer von Jakobus und Judas, den leiblichen Brüdern von Jesus.

Die ersten 13 Briefe des NT stammen alle vom Apostel Paulus. Sie sind in der Bibel einfach ihrer Länge nach geordnet; die Reihenfolge hat also nichts mit ihrer Entstehungszeit zu tun.

Der Brief an die Römer ist der längste Brief des Paulus. Dieser Brief stellt die Grundlagen des Evangeliums dar: Die Gerechtigkeit aus Glauben statt aus Werken durch die Erlösung, die Jesus Christus geschaffen hat. Paulus will der spontan entstandenen jungen Gemeinde in Rom das erforderliche Fundament für ihren Glauben vermitteln.

Hauptthemen des Briefes sind Glaube, Sünde, Rechtfertigung, Umkehr, Wiedergeburt, Taufe, Leben im Geist, Israel, christliche Prinzipien, Heiligung. Der Römerbrief ist wohl der wichtigste und tiefgehendste des NT. Luther kam beim Lesen dieses Briefes zur Erkenntnis der Gerechtigkeit aus Glauben (Römer 1, 17). Das löste letztlich die Reformation aus.

Der 1. Brief an die Korinther deckt in erster Linie zahlreiche Missstände in der jungen Gemeinde der griechischen Hafenstadt Korinth auf: Unreinheit und Hurerei, Streit und Gruppenbildungen, Überbetonung der Gabe des Zungenredens. Daneben beantwortet er Fragen nach Ehe und Ehelosigkeit, Geistesgaben und das Essen von Götzenopferfleisch.

Der 2. Brief an die Korinther drückt die Freude des Paulus über die Umkehr der Gemeinde aus. Er enthält weitere Ratschläge und einen Aufruf zur Geldsammlung für die Gemeinde in Jerusalem. Im letzten Teil des Briefes verteidigt Paulus sich gegen Angriffe falscher Apostel. Paulus gewährt dabei einen tiefen Einblick in die Mühen und Leiden seines Amtes.

Der Brief an die Galater wendet sich in scharfer Form gegen den Rückfall in die Gesetzlichkeit. Beeinflusst von Irrlehrern vermischen die Galater das Evangelium mit dem jüdischen Gesetz und wollen wieder aus Beschneidung, Gesetz und Werken vor Gott gerecht werden. Paulus macht den Unterschied zwischen Gesetz und Gnade klar.

Der Brief an die Epheser beschreibt die Stellung und Berufung der Gemeinde Jesu. Paulus macht deutlich, was das neue Leben als Christ bedeutet und wie es konkret wird - nämlich durch "Ablegen" des alten und "Anziehen" des neuen Menschen.

Der Brief an die Philipper ist ein Brief der Ermutigung. Paulus schreibt aus der Gefangenschaft und ermahnt die Philipper, fest zu bleiben, dem Herrn zu vertrauen und die Gesinnung Jesu zu bewahren.

Der Brief an die Kolosser richtet sich gegen Irrlehrer, die der Erlösung durch Jesus noch eine Selbsterlösung durch Askese, höhere Erkenntnisse und das Einhalten menschlicher Regeln hinzufügen wollen. Paulus ermutigt die Kolosser, sich allein auf Jesus zu verlassen.

Im 1. Brief an die Thessalonicher geht Paulus auf Glaubensfragen ein, zu denen die Thessalonicher Rat suchen. Er ermahnt zur Heiligung, beantwortet Fragen zur Wiederkunft von Jesus und über die Entrückung und ermutigt zu einem Leben im Geist Jesu.

Im 2. Brief an die Thessalonicher warnt Paulus vor einer übertrieben baldigen Erwartung des Wiederkommens Christi und macht klar, daß vor dessen Wiederkunft erst der Antichrist erscheinen müsse. Er mahnt, verantwortlich den täglichen Aufgaben nachzugehen.

Der 1. Brief an Timotheus gehört wie auch der 2. und der Brief an Titus zu den sogenannten "Pastoral(= Hirten)briefen", weil es darin um Hinweise zur Leitung einer Gemeinde geht. Paulus unterweist seinen "geistlichen Sohn" Timotheus über die verschiedenen Gemeindeämter und gibt ihm auch eine Fülle von persönlichen Ratschlägen.

Der 2. Brief an Timotheus wird als der letzte Brief des Paulus kurz vor seinem Märtyrertod angesehen. Paulus ermahnt Timotheus, fest im Glauben auch in Verfolgungen zu bleiben, und warnt ihn vor Verführern und Irrlehrern.

Im Brief an Titus, seinem zweiten "geistlichen Sohn", erteilt Paulus diesem Ratschläge bezüglich dem Ältestenamt und dem Lebensstil der Gemeindeglieder. Er warnt vor fruchtlosen Diskussionen.

Im Brief an Philemon legt Paulus Fürsprache für einen entlaufenen Sklaven ein, der durch ihn zum Glauben kam.

Der Brief an die Hebräer richtet sich an Judenchristen, die in Gefahr stehen, ins Judentum zurückzufallen. Der Verfasser ist unbekannt (auch Paulus kommt dafür in Frage). Der Brief stellt die absolute und endgültige Herrschaft von Jesus Christus und seine hohepriesterliche Autorität heraus. **Jesus** ist höher als die Engel, als der Hohepriester Aaron, als Mose und auch als **Melchisedek**, dem Abraham den Zehnten gab. An zahlreichen Beispielen wird gezeigt, daß die alttestamentlichen Verheißungen und Vorbilder in Jesus ihre vollkommenne Erfüllung fanden. Der Brief warnt vorm Lauwerden und ruft zur Festigkeit im Glauben auf.

Der Brief des Jakobus stammt wahrscheinlich von Jakobus, dem leiblichen Bruder von Jesus. Jakobus betont die praktische Seite des Christenlebens: Er fordert eine ganze Hingabe und die Abkehr von äußerer frommer Routine. Der Glaube soll sich auch in Taten äußern.

Der 1. Brief des Petrus richtet sich an die zerstreut in Kleinasien lebenden Christen. Er enthält eine Fülle von praktischen Ratschlägen für ein überzeugendes Leben als Christ in heidnischer und zum Teil feindseliger Umgebung. Petrus ermutigt zur Ausdauer in Leid und Verfolgung.

Der 2. Brief des Petrus wendet sich in scharfem Ton gegen Verführer, Irrlehrer und Spötter. Petrus kündigt das Gericht über solche Menschen an und beschreibt in diesem Zusammenhang prophetisch den "Tag des Herrn".

Der 1. Brief des Johannes ist ein väterlicher Brief des Apostels Johannes an Christen, die er seine "Kinder" nennt. Themen des Briefes sind Leben im Licht, Gemeinschaft, Glaube, Sünde und Verführung, der Sieg von Jesus Christus über alle Werke des Teufels sowie die zentrale Rolle, die die Gottes- und Bruderliebe im Leben der Christen spielen sollte.

Der 2. und 3. Brief des Johannes sind beides kurze persönliche Briefe an Privatpersonen. Johannes ermutigt zu einem Leben in der Wahrheit und warnt vor einem böswilligen Gemeindeleiter.

Der Brief des Judas stammt von Judas, dem leiblichen Bruder von Jesus und Jakobus. Judas ruft zu einem Leben in Entschiedenheit auf und warnt vor Irrlehrern und Verführern.

Die Offenbarung des Johannes (eigentlich eine Offenbarung von Jesus Christus an Johannes) ist eine gewaltige prophetische Schau auf die endzeitlichen Entwicklungen. Sie ist vordergründig an sieben Gemeinden in Kleinasien gerichtet, um ihnen während der ersten Christenverfolgungen Mut und Standhaftigkeit zu vermitteln. Indirekt richtet sie sich an die Christen aller Zeiten, die unter Anfechtungen und Verfolgung leiden. Mit dem Hinweis auf den endgültigen Sieg von Jesus werden sie zum Durchhalten und Überwinden aufgefordert.

Für die Zeit des endzeitlichen Antichristen (dem "Tier") kündigt die Offenbarung schlimme Drangsale und Gerichte an. Es werden je *sieben Siegel-, Posaunen- und Zornschalengerichte* beschrieben, die möglicherweise zum Teil parallel verlaufen, da sie sich vom Ablauf sehr ähneln. Die Offenbarung endet mit dem Ausblick auf die endgültige Herrschaft von Jesus Christus, dem Jüngsten Gericht über alle Nichtbekehrten und der Ankündigung eines *neuen Himmels und einer neuen Erde*. Die Offenbarung erscheint wie eine Fortsetzung der Prophetien Daniels.

Kurzbeschreibungen wie die vorliegenden lassen natürlich viele Fragen offen. Zur weiteren Information sind Bibellexika oder ausführlichere Einführungen empfehlenswert. Eine ganz ausgezeichnete und kompakte Einführung, deren theologisches Verständnis auch den obigen Kurzbeschreibungen zugrunde liegt, stammt von **Ernst Aebi** *(Kurze Einführung in die Bibel, Bibellesebund Winterthur/Marienheide, 13. Auflage 1997)*. Sehr empfehlenswert ist auch das weitverbreitete, hervorragende Bibellexikon von **Gerhard Maier/Fritz Rienecker** *(Lexikon zur Bibel, SCM Brockhaus Witten)*.

"Das Gras verdorrt, die Blume verwelkt. aber das Wort unseres Gottes bleibt ewiglich."
(Jesaja 40, 8)

GOTT REDET DURCH SEIN BUCH

Immer wieder geschieht es, dass Menschen beim Lesen der Bibel ganz persönlich angesprochen werden - und zwar gerade in der Frage, die sie zu diesem Zeitpunkt intensiv bewegt. Dafür gibt es unzählige Beispiele; fast jeder Christ kann davon berichten. Zufall oder Reden Gottes? Darüber streiten sich die Gelehrten, sprich Theologen. "Moderne" Theologen sind dagegen (und erleben dies auch nicht), bibeltreue sind dafür (denn sie erleben es ja). Worin liegt der Unterschied?

Er liegt in der inneren Einstellung. *Gott redet nur zu Menschen, die bereit sind, auf sein Reden einzugehen,* bzw. die echte Fragen an ihn haben.

Für "moderne" Theologen ist die Bibel ein rein menschlich erstelltes Buch, das Mythen und Legenden über einen Gott weitergibt, der gar nicht existiert. Bei einer solchen Einstellung ist die Erwartung auf ein Reden Gottes nicht übermäßig groß. Da "moderne" Theologen keine Fragen an Gott stellen, und Gott eher selten ungefragt durch sein Wort redet, empfangen diese

Theologen (und ganz allgemein Menschen mit dieser Einstellung) auch keine Antworten aus der Bibel. Es gibt Menschen, die ihr ganzes Leben lang in der Bibel lesen, aber nie persönlich angesprochen werden.

Jesus sagt: "Wer bereit ist, den Willen Gottes zu tun, wird erkennen, ob diese Lehre von Gott stammt oder ob ich in meinem eigenen Namen spreche" (Johannes 7, 17; Einheitsübersetzung). Ohne die feste Bereitschaft, auf Gottes Reden einzugehen (d.h. seinen Willen zu tun), erlebt kaum jemand das Reden Gottes in seine persönliche Situation hinein.

Aber wenn dazu die feste Bereitschaft vorhanden ist, erlebt man dies. Gott überrascht manchmal geradezu mit Antworten aus der Bibel, die in unglaublichen Einzelheiten auf die inneren Fragen eingehen, die einen gerade bewegen. Darum sind auch bibeltreue Theologen "dafür", dass Gott durch sein Buch redet. Ebenso alle gläubigen Christen, die mit dieser Einstellung an die Bibel herangehen. Sie erleben es einfach.

Sie erleben, dass die Bibel ein lebendiges Buch ist, durch das ein lebendiger, "real existierender" Gott zu ihnen redet. *Dieses Reden Gottes kann allgemeiner, aber auch sehr persönlicher Art sein.* Allgemein redet Gott durch seine Gebote bzw. die Regeln und Prinzipien, die Jesus vorgelebt hat. Für Fragen wie: Ist Unterschlagung oder Scheckbetrug Sünde, darf ich Steuern hinterziehen oder ist Ehebruch falsch? genügen diese allgemeinen Antworten.

Bei Fragen, die Beruf und Berufung, den künftigen Ehepartner oder andere persönliche Entscheidungen betreffen, muss Gott schon spezifischer antworten. Das tut er auf ganz unterschiedliche Weise: *durch andere Menschen, eine innere Gewissheit, Predigten, Eindrücke, gelegentlich durch einen Traum - aber am häufigsten und klarsten durch sein Wort, die Bibel.* Im Folgenden einige Beispiele, die das veranschaulichen.

Gottes Reden zur Berufung

Geburt eines Missionswerks

Ein junger holländischer Christ saß 1955 in Warschau auf einer Bank und beobachtete, wie lange Reihen junger Kommunisten an ihm vorbeimarschierten. Zu jener Zeit wurden die Christen in Polen schwer unterdrückt und litten Not. Der junge Holländer betete, vor ihm die aufgeschlagene Bibel. Was konnte der Westen, was konnte er tun, um den Menschen hinter dem Eisernen Vorhang Hilfe und das Wort Gottes zu bringen?

Der Morgenwind fuhr durch die Blätter der Bibel. Er legte seine Hand darauf, um sie festzuhalten. Als er niederblickte, sah er, dass seine Finger genau auf die Worte zeigten: "Werde wach und stärke das andere, das sterben will" (Offenbarung 3,2). Er schildert dann selbst: "Plötzlich merkte ich, dass ich diese Worte durch einen Schleier von Tränen sah. War es möglich, dass Gott sie gerade jetzt zu mir sprach, um mir klarzumachen, dass mein Lebenswerk hier hinter dem Eiseren Vorhang lag, wo seine kostbare Restkirche um ihr Leben kämpfte? Sollte ich sie stärken helfen? Aber das war ja lächerlich! Was konnte ich, eine Einzelperson ohne Mittel oder Organisation, gegen eine überwältigende Macht tun, wie die, die jetzt an mir vorbeimarschierte?" *(Bruder Andrew, Der Schmuggler Gottes, Brockhaus Wuppertal 1977).*

Der junge Mann wurde später bekannt als **"Brother Andrew"**. Jahrzehntelang besuchte er die Christen in den osteuropäischen Ländern und brachte ihnen Bibeln, immer in der Gefahr, verhaftet zu werden. Später gründete er das Missionswerk **"Open Doors"**, heute eine weltweit operierende Hilfsorganisation, die Christen in allen Ländern der Verfolgung Hilfe und Bibeln bringt.

Ermutigung zum Heiraten

Ein gläubiger junger Zulu wollte eine Zuluchristin heiraten und bat ihren Pastor, diese deshalb zu fragen (das ist unter den

Zulus so Sitte). Der Pastor bat das Mädchen, darüber zu beten, ob sie den jungen Mann heiraten wolle. Das Mädchen war jedoch geistlich etwas überspannt und hielt Heiraten für unrein. Schließlich betete sie doch und erhielt den Eindruck: "Nimm die Bibel." Sie schlug die Bibel auf und stieß spontan auf den Vers in Apostelgeschichte 10, 15: "Was Gott gereinigt hat, das mache du nicht gemein." Es wurde ihr klar, dass Gott die Ehe eingesetzt hat. Die beiden heirateten. Beide wurden Mitarbeiter in der Gemeinde, führten eine glückliche Ehe und erhielten vier Kinder *(Kurt Koch, Gott unter den Zulus, Bibel- und Schriftenmission Lauterbach 1995).*

Gott führt ein junges Paar zusammen

Ein ähnliches Beispiel dafür, dass Gott sich auch um Gefühle kümmert, erlebte **Maria Herren**, eine Schweizerin, die in London eine Bibelschule besuchte. Sie hatte sich in einen Mitstudenten verliebt (und er in sie), der als Missionar in ein asiatisches Land gegangen war. Sie hatten allerdings noch kaum miteinander gesprochen, es war also noch alles offen. Beide hatten die Frage ihres künftigen Ehepartners ganz in Gottes Hände gelegt und vertrauten seiner weisen Führung.

Ein halbes Jahr später befand sich Maria in Singapur. Es war der Abend vor der Aussendung der jungen Missionare. Maria hatte angegeben, sie sei offen für jedes Land, obwohl sie sich eigentlich das Land wünschte, in dem der junge Mann war. Die Entscheidungen durch die Missionsleitung waren bereits getroffen. Am Abend betete Maria und brachte ihren Herzenswunsch vor Gott. Bei ihrem täglichen Bibellesen war sie gerade bei Psalm 20. Plötzlich beim Vers 5 hatte sie den Eindruck, als ob Gott zu ihr spräche. Sie las: *"Er gebe dir, was dein Herz begehrt, und erfülle alles, was du vorhast."* Sie empfand eine Gewissheit, dass Gott sie in das gewünschte Land führen werde.

Zur gleichen Zeit wurden die Missionsleiter unruhig. Sie hatten keinen inneren Frieden über die Entscheidung, die sie für Maria getroffen hatten. Sie setzten ein neues Treffen an und entschieden neu - für das Land, das Maria sich wünschte.

Es kam, wie es kommen musste: Maria ging dorthin, traf später den jungen Mann wieder, sie verliebten sich erneut und heirateten. Gott hatte ihr Vertrauen beantwortet *(When God Guides, OMF Kent 1984).*

Ermutigung in aussichtsloser Lage

Ein Traum und ein Bibelwort

Ein sehr eindrückliches Beispiel, wie Gott in einer ausssichtslosen Situation durch Bibelworte sein Eingreifen ankündigte, erlebte **David Hathaway**, ein englischer Evangelist. David schmuggelte in den 70er Jahren große Mengen Bibeln in osteuropäische Länder. Bibelschmuggel galt während des Kalten Krieges in allen osteuropäischen Ländern als Kapitalverbrechen und wurde mit Zuchthaus bestraft. 1972 wurde er von den Tschechen verhaftet und zu zwei Jahren Zuchthaus verurteilt. Bei den Tschechen war es üblich, dass nie jemand vorzeitig entlassen wurde.

Die Zustände in den Zellen waren unbeschreiblich. Zeitweise befand sich David mit vier weiteren Personen in einer Zwei-Persoen-Zelle. Das einzige Fenster war mit Glasziegeln vermauert; es gab keine Entlüftung. Als Schlafunterlagen gab es schmutzige, mit Stroh gefüllte Säcke. Es stank, die Luft war schneidend dick, und von den Wänden rann das Wasser. Kleidung, die über Nacht abgelegt wurde, war am nächsten Tag fast zu naß, um getragen zu werden. Die Häftlinge waren allen möglichen Verhören, Appellen, Schikanen ausgesetzt.

David betete, aber er bekam über Monate keine Antwort von Gott. Die Bibel hatte man ihm abgenommen. Einmal hatte er einen *Traum*, dass er am Ostermontag in der Royal-Albert-Hall in London vor einer riesigen Menge einen Bericht von seiner Gefangenschaft geben würde. Aber das lag inzwischen Monate zurück, und er hatte den Traum als Phantasie abgetan.

Nach neun Monaten Haft gelang es David, in einem unbewachten Augenblick seine Bibel wiederzuerlangen. Wie ein Verhungerter begann er in den Psalmen zu lesen. Eines Nachts sprangen ihn plötzlich im Psalm 35, 18 die Worte an: *"Ich will dir danken in großer Gemeinde, unter vielem Volk will ich dich rühmen."* Im gleichen Augenblick stand David sein Traum wieder vor Augen. Dies war so massiv, dass er dieses Wort als Gottes Antwort empfand. Er schreibt: "Die Royal-Albert-Hall hat 8 000 Sitzplätze. Wahrlich eine große Gemeinde!"

David begann zu rechnen. Ostern würden erst 10 Monate seiner Haft vergangen sein. Trotzdem glaubte er an das Wort. Wenige Tage vor Ostern hatte er *Geburtstag*. Warum sollte er nicht schon an seinem Geburtstag entlassen werden können? Er begann dafür zu beten und bat als Bestätigung für die Erhörung um ein Bibelwort, in dem es heißt, dass Gott die Gefangenen befreit. In Psalm 68, 7 stieß er auf genau diese Aussage. Das war 17 Tage vor seinem Geburtstag. David begann seine Aufzeichnungen, die er mitnehmen wollte, sicher zu verpacken. Dann teilte er seinen Mitgefangenen mit, dass Gott ihn an seinem Geburtstag aus dem Gefängnis führen würde. Die hielten ihn für überdreht.

Vier Tage vor seinem Geburtstag verlor David allen Glauben und erlitt einen Nervenzusammenbruch. In den nächsten Tagen fing er sich wieder und schrie zu Gott. Am 16. 4. wurde David mitten aus seiner Arbeit auf die Entlassungsstation gerufen, einen Tag später, an seinem Geburtstag, flog er an der Seite von Harold Wilson, dem Chef der britischen Labourpartei, nach England (von dessen Besuch in Tschechien David nichts gewusst hatte). *Einen Tag später wurde er eingeladen, am Ostermontag in der Royal-Albert-Hall in London zu sprechen! (David Hathaway, Czech Mate, Lakeland London 1974).*

David Hathaway ist heute Leiter des Missionswerkes Eurovision und führt vor allem Evangelisationen in Russland, der Ukraine und anderen osteuropäischen Ländern durch. In seinen Evangelisationen geschehen immer wieder unglaubliche Wunder - Heilungen von Gelähmten, Verkrüppelten, Blinden, Taubstummen und von allen möglichen Krankheiten. In seiner Zeitschrift *"Prophetic Vision"* wird darüber berichtet.

Gott "hält" die Augen der Zollbeamten

Auch der rumänische Christ **André Morea** schmuggelte Bibeln. Einmal war Morea mit zwei Paketen Bibeln im Zug von Bulgarien nach Rumänien unterwegs. Vorher hatte er Gott intensiv um Schutz gebeten. Dabei war ihm das Wort: *"Ich will dich nicht verlassen und versäumen"* (Hebräer 13, 5) in den Sinn gekommen. Die beiden Bibelpakete hatte er ins Gepäcknetz gestellt, denn es gab keine Möglichkeit, sie zu verstecken. Er berichtet darüber:

"Ich fing wieder an zu zittern, als ich die Rumänen herankommen hörte. Ich zitterte wie Espenlaub ... Da erklangen irgendwo in meinem Innern die Worte: "Ich will dich nicht verlassen noch versäumen."

Zwei junge Zollbeamte traten in das Abteil ... Der Magere wandte sich meinem Nachbarn zu ... Sein Kollege trat zu mir. "Ist das alles, was sie haben?" fragte er.

"Ja, wie Sie sehen", erwiderte ich ungezwungen und öffnete meine Tasche. Mein Herz klopfte wie wild, und mir brach der kalte Angstschweiß aus.

"Nein danke, das ist nicht nötig", wehrte er ab. Jetzt blickte er zum Gepäcknetz hinauf. Eine eiserne Faust schien meinen Nacken zu umklammern. Oh, wenn diese Pakete geöffnet würden! Ich war wie gelähmt.

"Wenn doch alle Fahrgäste nur eine Reisetasche hätten", fuhr er fort, "dann würde das Leben eines Zöllners viel leichter sein." Wieder schaute er zum Gepäcknetz ... Dann wandte er sich seinem Kollegen zu. "Ich bin fertig. Der Bursche reist wirklich mit leichtem Gepäck." "Ich bin auch fertig", erwiderte der andere ... Der großen Anspannung folgte eine schreckliche Erschlaffung. Es flimmerte mir vor Augen ..."

Gerade in *kritischen Situationen*, in die wir uns für Gott

begeben, schenkt Gott oft solche Worte der Stärkung und Ermutigung. Morea erlebte ähnliche Situationen bei fast jedem Bibeltransport *(André Morea, Das verbotene Buch, St. Johannis Lahr, 1983)*.

Kümmert sich Gott auch um kleine Dinge?

Gottes Geduld und Humor

Ein kleines Erlebnis dieser Art, wie Gott durch die Bibel in meine ganz persönliche Situation hinein sprach, kann ich selbst berichten. Ich arbeitete seit wenigen Wochen in einem neueröffneten christlichen Haus für Rehabilitation. Den ganzen Tag hatte ich mit einem Vorschlaghammer eine Wand durchbrochen, um eine Verbindungstür zwischen zwei Räumen herzustellen. Ein Drogenabhängiger hatte mir geholfen. Gemeinsam hatten wir die Steine in eine Karre gepackt und weggefahren. Am Abend war ich frustriert. Ich dachte: Ist das die Arbeit, für die Gott dich für die Zukunft berufen hat?

Da ich am nächsten Morgen eine kleine Andacht halten sollte und noch kein Thema hatte, betete ich: "Herr, gib mir doch bitte ein Wort, worüber ich reden soll." Und um die Sache definitiv zu machen, sagte ich weiter: "Die Bibelstelle, die mir jetzt in den Sinn kommt, werde ich am nächsten Morgen benutzen - egal, was es für eine ist." Dann versuchte ich "zu hören". Mir kam *"Hesekiel 8, 8"* in den Sinn. Weil das so gut klappte, sagte ich: "Herr, bitte noch eine." Und *"Jesaja 62, 10"* tauchte vor mir auf.

Wie groß war meine Überraschung, als ich die Bibelstellen las! In Hesekiel 8, 8 heißt es: *"Und er sprach zu mir: Du Menschenkind, brich ein Loch durch die Wand. Und als ich ein Loch durch die Wand gebrochen hatte, siehe, da war eine Tür."*

Ich war aufs Höchste verblüfft. Das steigerte sich noch, als ich Jesaja 62, 10 las: "Gehet ein, gehet ein durch die Tore! Bereitet dem Volk den Weg! *Machet Bahn, machet Bahn, räumt die Steine hinweg! Richtet ein Zeichen auf für die Völker!"*

Das war die genaue Beschreibung meiner Arbeit an diesem Tag. Ein Loch in die Wand brechen und Steine wegräumen. Zuerst dachte ich an Zufall. Aber dann begriff ich, dass Gott mir eine Aufmunterung in meinen Frust hinein geben wollte. Heute, über 30 Jahre später, scheint es, dass dieses Wort sogar wegweisenden Charakter hatte. Gott führte mich später in eine Arbeit, in der ich evangelistische Literatur produzierte. Dadurch werden "Steine" im übertragenen Sinn weggeräumt, nämlich geistliche Blockaden und Irrlehren.

Ich empfand, dass in den beiden Bibelworten etwas von Gottes Geduld und Humor mitschwang. Gott malte mir noch einmal meinen Tag vor Augen, aber mit dem Unterton: *Ich war dabei.* Auch später habe ich wiederholt erlebt, dass Gott auch auf ausgefallene Gebete einging

Die Fragen eines suchenden Moslems

Rachid, ein junger Marokkaner, sah im Fernsehen den *Jesus-Film von Campus für Christus*. Er war tief beeindruckt und ließ sich ein Neues Testament schicken - obwohl der Vorsteher der Moschee das verboten hatte. Aber Rachid war so bewegt von den Taten von Jesus, dass er jeden Abend darin las. Eines Nachts hatte er einen merkwürdigen *Traum*: Vor ihm erschien ein Mann in einem weißen Gewand, den er als Jesus erkannte. Dieser sprach zu ihm: *"Rachid, du wirst eines meiner Kinder sein. Du wirst ein Kind Gottes sein."*

Rachid war verwirrt, weil er nicht wusste, was "Kind Gottes" bedeuten sollte. Trotz seiner Furcht ging er zu dem Vorsteher der Moschee und erzählte ihm den Traum. Dieser war sehr ungehalten und befahl Rachid, sofort nach Haus zu gehen und das Neue Testament zu verbrennen. Rachid war darüber sehr traurig, aber er meinte, er müsse gehorchen. So warf er sein geliebtes Neues Testament ins Feuer und machte einen langen Spaziergang, weil er nicht mit ansehen wollte, wie es verbrannte.

Als er zurückkam, durchsuchte er traurig die Asche. Alles war verbrannt bis auf einen kleinen Schnipsel aus dem Johannesevangelium. Rachid las, was dort geschrieben stand: *"Soviele ihn aber aufnahmen, denen gab er das Recht, Gottes Kinder zu sein."*

Das war genau die Antwort auf die Frage, die ihn bewegte. Nun wusste er, was "Kind Gottes" bedeutete. Er befolgte den Vers und nahm Jesus als seinen Herrn an. Wie es ihm im Traum verheißen war, wurde er ein "Kind Gottes". Gott selbst hatte ihm durch sein Wort die Antwort gegeben *(Christine Darg, Wunder unter Muslimen, Gottfried Bernard, Solingen 2008, S. 81).*

Redet also Gott durch die Bibel? Benutzt er dieses Buch für Antworten an Menschen, die beten? Ist die Bibel tatsächlich ein lebendiges Buch?

Für Menschen, deren Glauben an den "Zufall" nicht wirklich fest gegründet ist, könnte das durchaus so aussehen. Bei manchen könnten sogar Zweifel am Zufall aufkommen. Für Menschen, die die Bibel lesen, ist es die einfachste Tatsache der Welt. Gott redet durch sein Buch. Sie erleben es immer wieder. Bei Entscheidungen und Situationen, die schwer zu überschauen sind, ist es immer sinnvoll, Gott um Führung zu bitten. Nehmen Sie die Bibel zur Hand, bitten Sie um ein wegweisendes Wort und beginnen Sie zu lesen. *Auf echte Fragen geht Gott gewöhnlich immer ein.*

**"Dein Wort ist meines Fußes Leuchte
und ein Licht auf meinem Weg."**
(Psalm 119, 105)

GEWISSHEIT STATT NEBEL

Die Bibel beweist klar ihre göttliche Inspiration und Autorität. Aus vielen Einzelhinweisen ist ersichtlich, dass sie nicht verfälscht ist. Die ihr unterstellten Widersprüche und Fehler lösen sich bei näherem Hinsehen in Luft auf. Zahlreiche Daten und Fakten bekräftigen, dass sie ein *übernatürliches Buch* ist. Ihre Aussagen gelten für das Leben eines jeden Menschen, ob jemand daran glaubt oder nicht.

Ist dies eine Katastrophe, etwas Schlimmes, eine Bedrohung unserer Freiheit? Eher das genaue Gegenteil. *Wir können wissen, woran wir sind.* Nicht nur vermuten, annehmen, davon ausgehen, für möglich halten, sondern WISSEN. Wir können wissen, dass Gott existiert und dass er ein guter Gott ist, der uns Gutes tun will. Wir können wissen, wie er ist und denkt - durch Jesus. Jesus sagte: "Ich und der Vater sind eins."

Wir können wissen, was die Wahrheit ist. Wir können wissen, dass unser Leben nicht sinnlos ist, sondern Sinn und Ziel hat. Wir können wissen, dass nach dem Tod eine wunderbare Zukunft auf uns wartet, wenn wir zu Jesus gehören. Und wir können über alle diese Tatsachen eine persönliche Gewissheit erlangen.

Vor allem aber: *Wir können wissen,* dass diese kaputte,

ungerechte, entartete, korrupte, perverse Welt nicht das Letzte ist. Die Bibel nennt diese Welt eine "gefallene" Welt, in der auch das Böse regiert. Aber es gibt eine Gerechtigkeit, die über den Tod hinausreicht. Das letzte Wort hat Gott, nicht das Böse. Wir leben - bei aller Freiheit, die Gott uns gewährt, auch für das Böse - unter einem guten, gerechten, allmächtigen Gott. Dieser Gott bietet uns eine ewige, wunderbare Zukunft in seinem Reich an. Diese zu ergreifen ist der allererste Sinn unseres Lebens.

Was müssen wir tun? Wir müssen unser Leben mit Gott verbinden. Jesus hat uns das leicht gemacht. Wir können es nicht durch gute Werke, Leistungen und Verdienste tun. Es geht nur durch *Vergebung*. Diese Vergebung kann uns nur Jesus Christus geben, der unsere Schuld am Kreuz auf sich genommen hat. Jeder Mensch, der Jesus um Vergebung seiner Schuld und Selbstsucht bittet, erhält diese Vergebung. Jesus sagt: *"Wer zu mir kommt, den werde ich nicht hinausstoßen"* (Johannes 6, 37). Jeder kann kommen, es gibt keine Ausnahme. Mit unserem Kommem und der Bitte um Vergebung erkennen wir Jesus als den Herrn über unser Leben an.

Diese Entscheidung für Jesus ist unser Eintritt in das Reich Gottes. Wir verlassen unseren Weg der *Unabhängigkeit von Gott* und treten auf den Weg der *Gemeinschaft mit Gott.* Von nun an haben wir eine Zukunft in seinem Reich. Der Heilige Geist kommt in unser Leben und gibt uns darüber die innere Gewissheit (Johannes 3, 3). Er gibt uns eine neue Sicht und beginnt ein wunderbares Werk der Neugestaltung in uns.

Erst nun wird die Bibel für uns zu einem wirklich lebendigen Buch. Es ist, als würde ein Schleier weggenommen. Gott redet zu uns durch sein Wort und hilft uns, seinen Plan für unser Leben zu erkennen. Das alles ist keineswegs schlimm - es ist das Beste, was uns passieren kann. Ab nun können wir uns auf eine gute Fortsetzung nach diesem Leben freuen.

Bücher vom gleichen Autor:

213: Der unlogische Gott
Geb., 176 S., 102 Abb., € 8,80

Gott setzt sich über unsere hochge-
stochene Theologie, unsere unschlag-
baren Theorien und allwissende Vernunft einfach hinweg. Er hält sich
nicht einmal an die Naturgesetze und
tut sogar Wunder. Das Buch zeigt
auf, wie lächerlich es ist, Gott mit
unserem Verstand und unseren Vorgaben erreichen zu wollen - und wie
einfach es ist, wenn wir auf seine
"unlogischen" Vorgaben eingehen.

212: Intelligente Planung oder Millionen Zufälle?
Geb., 176 S., 51 Abb., € 7,80

Kein Leben aus toter Materie; Mutation
und Selektion können nie original
Neues schaffen, Übergangsformen bei
den Fossilien sind unauffindbar,
Makroevolution von einer Art in eine
andere ist ein einziger Flop, DNA und
Feinabstimmung im Universum
schließen jede Evolution aus, Materie
ist ohne Information völlig hilflos usw.
Reichen glückliche Zufälle für eine
Theorie aus?

214: Wunder und Gottes-erfahrungen heute
Pb., 192 S., € 8,80

Wie kann ich wissen, dass der Gott,
der sich in Jesus erkennbar gemacht
hat, Realität ist? Ganz einfach: wenn
er antwortet und reagiert. 50 Berichte
von Menschen aus ganz unterschiedlichen Kulturen und Religionen, die
Jesus persönlich und real erlebt haben
- indem er geheilt, befreit, geholfen,
sich offenbart und Wunder getan hat.

207: Übernatürliche Erlebnisse auf der Schwelle zum Tod, Tb., 158 S., € 6,80

Was kommt nach dem Tod? Aufrüttelnde Einblicke in die unsichtbare Dimension bei Nahtod-, Engel- und Sterbeerlebnissen. Klinisch Tote konnten hinterher genau ihre Operation beschreiben. Manche sahen auch verstorbene Verwandte. Wichtige Unterscheidung: Was ist okkult, was göttlich? Zahlreiche Fallbeispiele und Erfahrungsberichte.

203: Die 10 wichtigsten Fragen Tb., 126 S., 138 Abb., € 4,00

Kompaktinformation zu entscheidenden Lebensthemen: Gottesbeweise, Religionen, Sinn des Lebens, Esoterik, Reinkarnation, Wahrheit der Bibel, Evolution, Was kommt nach dem Tod, Warum lässt Gott es zu, göttliche Bestimmung. Informativ für Christen und Nichtchristen.

209: Wie finde ich meinen Beruf und meine Berufung? Tb., 62 S., € 2,40

Eine der wichtigsten Fragen im Leben. Wie kommen Beruf und göttliche Berufung am besten zusammen? Zahlreiche Tipps und Adressen für Berufseinsteiger, Umschulung und Neuanfang. **Staffelpreise:** ab 10/€ 2,00; 20/1,70; 50/1,50; 100/1,20

206: Die Abschaffung der Realität Tb., 159 S.; 25 Cartoons; € 4,00

Lügensysteme auf dem Prüfstand: Religionen, Philosophien, Ideologien, Sonderlehren, Reinkarnation, Esoterik, Nonsense-Toleranz, wissenschaftliche Theorien, selbstgemachte Denkgebilde usw. Alles Luftblasen, die irgendwann zerplatzen. Die Realität ist um Lichtjahre besser.

205: Wie geht es dir in 100 Jahren? Brosch., 48 S., € 1,60, durchgehend vierfarbig

Keine Juxfrage, sondern irgendwann für jeden aktuell. Worum geht es in unserem Leben wirklich? Wie stellen wir die Weichen für eine gute Zukunft? **Staffelpreise:** ab 10 Stück € 1,30; ab 20 € 1,10; ab 50 € 1,00; ab 100 € 0,90

210: Robbi und Lena und ihre große Frage,
Pb., 96 S., € 3,00

Robbi, Lena und Robbis lustiger Vetter Georg stellen große Fragen. Immer wieder kommt Robbis Vater, der an Evolution und Zufall glaubt, gehörig ins Schwitzen. Doch da ist ja noch der Imker auf dem Imkerhof am Waldrand, wo es oft sehr turbulent zugeht. Dort lösen sich alle Fragen. Mit 20 Farbabbildungen; ab 8 Jahre.

211: Robbi und Lena: Auf heißer Spur,
Pb., 160 S.; € 4,80

Fünf unternehmungslustige Kinder auf der Spur von Umweltschändern, gegen Mobbing in der Schule und beim Bau eines Teich-Biotops. Ein spannendes, vergnügliches Ferienabenteuer auf dem Imkerhof, bei dem die Kinder immer wieder Fragen über Gott und die Welt stellen. Mit 10 Farbabbildungen; ab 10 Jahre.

202: Wozu lebe ich? Woher komme ich?
Wohin gehe ich? Tb., 62 S., € 2,40

Es geht um die drei Grundfragen: Woher - wozu - wohin? Können wir etwas darüber wissen? Eindeutig ja. Ein einladendes, leicht lesbares Büchlein für Suchende, Zweifelnde, Jugendliche. **Staffelpreise:** ab 10 St. € 2.00; ab 20/1.70; 50/1.50; 100/1.20

208: Evolution - gezählt, gewogen und zu leicht befunden, Tb., 80 S., 70 Abb., € 4,80

Bis heute fehlen konkrete Nachweise für „Evolution". Stattdessen häufen sich Gegenbeweise. Zahlreiche wissenschaftliche Fakten schließen Lebensentstehung aus toter Materie und Makro-Evolution aus. Damit schwebt das gesamte Evolutionskonzept in der Luft. Leicht verständlich, durchgehend vierfarbig,

- Alle Büchersendungen ab 10 € portofrei.
- Gesamt-Mustersatz Traktate (ca. 70 Titel) 6,50 € portofrei.

TPI, Schlossgasse 1, D-86857 Hurlach;
Tel. 08248-12225; Fax: 12241;
www.tpi-flyer.de; Email: tpi-flyer@web.de